hito*yume book

授業で勝負する
実践家たちへ

「一日講座」シリーズ 6

筑波大学附属小学校
二瓶弘行と国語“夢”塾の

説明文 授業づくり
実践編

文溪堂

まえがき

国語授業づくりのエッセンスが詰まった「一日講座シリーズ」。

今回は「説明文で何を教えるのか？

説明文でどんな力を育むか？」をテーマに

実践講座を開講します。

子どもたちに説明文を通して

どのような言葉の力を獲得させようとするのか。

そのためにどんな教材研究が必要か？

どんな授業をすればいいのか？

大切なのは「なんとなく」ではなく「問いをもって」学ぶこと。

「問いをもって」読み進み、二瓶ちゃんの心と技を受け取ってください。

二瓶弘行と国語〝夢〟塾の
「説明文授業づくり」実践編
～説明文で何を教えるのか？　説明文でどんな力を育むか？～

もくじ

先生！　どうして説明文を勉強するの？
説明文を学ぶと何がわかるの？

第１章　プレ講座

「説明文」で何を教えるのか？

なんのために説明文を学ぶのか？
子どもに育みたい力とは何か？
説明文の読みのゴールとは何か？

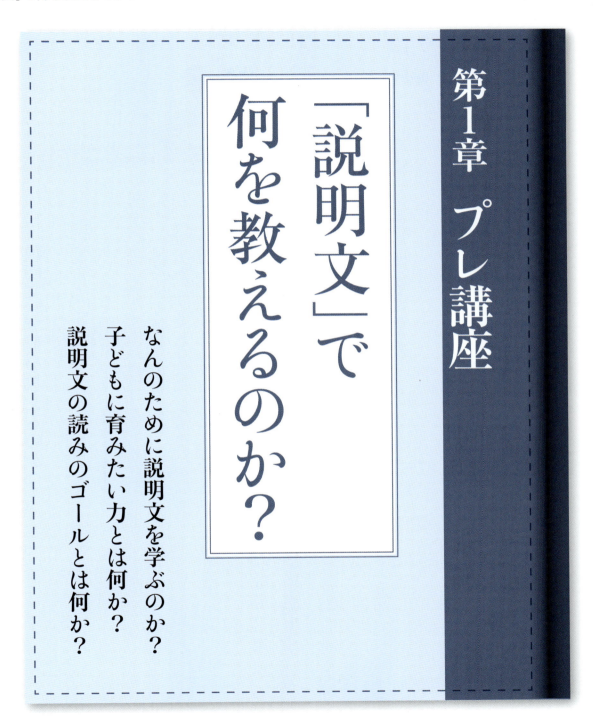

「説明文」で何を教えるのか

「言葉の力」をつけるために、我々は日々国語の授業をしている。

だが、改めて問われたとき、なんと答えるか？

「なんのために説明文を学ぶのか？」

「説明文で何を教えるのか？」

それは、私自身に対する問いでもある。


いま一度、確かめよう。

いったい我々は、小学校一年生・六歳の子どもを相手に、十二歳・六年生までの六年間を通して、説明文という教材で、どんな「言葉の力」を育もうとしているのだろうか。


私は、説明文で、次の三つの力を育みたいと思っている。
①「伝えたいこと」を正確に納得して受け取る力
②「伝えたいこと」の伝え方について、検討する力
③「伝えたいこと」に対して自分の意見・感想をもつ力
まず、一つ目の「**『伝えたいこと』を正確に納得して受け取る力**」。

ここでいう「伝えたいこと」とは何か？

物語の場合、読み取る中心は主題である。これに異存はない。ただし、主題の定義については、二つに割れる。

一つは「物語を通して作者が伝えたいこと」こそ主題であるという見解。

もう一つは、読者の立場から、作者が伝えたいことではなくて、「作品が読者である自分に強く語りかけてくるもの」こそ主題であり、主題は作品と読者の関係で受け取るものだという見解だ。

（私は後者の立場をとり、主題を「作品の心」として教える。私の国語教室で「主題」という用語を使わず「作品の心」という学習用語を用いるのは、「作者が作品を通して最も伝えたいこと」とする主題論がいまだに強いからである。）

では説明文は？と言ったときはどうか。説明文で読み取る中心とは何か？

説明文は、筆者意識をもっと強く子どもにもたせるべきだと思う。

つまり、ありとあらゆる説明文には書き手、筆者がいる。筆者の「伝えたいこと」があるのが説明文だ。言い換えれば、伝えたいことがはっきりしているのが説明文である。

筆者は「何かを伝えたいから書いている」。説明文では、これが大前提だ。だからこそ、筆者が「『伝えたいこと』を正確に納得して受け取る力」こそを、説明文で育む「言葉の力」の第一、中心におかなければならない。

物語の読み取る中心が「主題」という用語で共有されているように、説明文で筆者の伝えたいことの中心は「要旨」という用語で共有される。

学習指導要領の言葉でいえば、筆者が伝えたいことの中心、これが「要旨」だ。

さらに言うと、伝えたいことは、説明文によって大きく二つある。説明文で伝えたいことは二つのジャンルに分けられるといってもいい。

一つは「事実」。この説明文は、事実こそ伝えたいことの中心であるというもの。

もう一つは「意見」である。意見を伝えたい。いわゆる「意見文」などというのは、そのジャンルの説明文だ。

高学年の説明文の場合は、事実プラス意見、その両方を伝えたいという説明文もある。

まずは、ここをおさえること。

説明文とは、書き手、すなわち筆者に「明確に『伝えたいこと』があって書かれた文章」だ。だからこそ説明文で育みたい「言葉の力」の一つ目は、

「『伝えたいこと』を正確に納得して受け取る力」なのである。

「『伝えたいこと』は何だろう？」ということを「言葉」を根拠に正確に受け取る力だ。

なるほど、こういう言葉、こういう述べ方をしているから「伝えたいことはこうだ」。確かに「伝えたいことはこうだな」と納得して受け取ることが大事で、「クイズではない」ということだ。

つまり、「要旨は、こうだ」と、明確な根拠をもとに、納得して受け取ること。クイズで当たったのではいけない。なんとなくつかめた、というのは、国語の授業ではない。

「伝えたいこと」を文に戻り、言葉に帰って正確につかみ、納得して受け取るには、文章全体を読むことが欠かせない。文章全体を読んだうえでないと納得などできない。

ただし、ここでいう「納得して受け取る」とは、筆者が「こういうことを言っている」ということについて納得するということであり、「意見の内容について」納得するということではない。ここを誤解してもらっては困る。

例えば「戦争は時には必要だ。仕方がない」というようなことを伝えたい、ある説明文があったとき、

「私はその意見内容については違う意見をもっている。でも、あなたが伝えたいことは、こういう理由で、こういう根拠があって、『戦争は時には必要だ』って言っているんですね」という意味での納得ということである。

それに対して意見を返すというのは、また、次の段階だ。

すなわち、内容についての納得ではなく、「筆者はこういう理由・根拠で、そういうことを伝えたいんだね。それはわかるよ」という納得だ。

これに関連して、説明文で育みたい「言葉の力」の二つ目は、

「『伝えたいこと』の伝え方について、検討する力」。

検討とは、伝えたいことを伝えるために、筆者が、「このような伝え方の工夫をしているんだな」という検討。

筆者は「何かを伝えたいから書いている」。説明文ではこれが大前提だ。
物語の読み取る中心が「主題」という用語で共有されているように、
説明文で筆者の伝えたいことの中心は「要旨」という用語で共有される。

あるいは「伝えたいことはこうだ」と自分は受け取れた。伝えたいことを伝えるために、筆者はこのような伝え方をしている。でも、「こうしてくれたら、もっと納得して受け取れるのにな」「こうすればもっとうまく伝わる」という改善点も含まれる。そういった内容を検討する力も重要であり、おさえたい。

つまり、検討には「良さ」を受けること、すなわち、伝え方の工夫を検討することに加えて、もう一つ「改善点」の検討もなされるべきだ。その両方から検討する力も説明文で育みたい「言葉の力」だろう。これをおさえなければならない。

そして三つ目は、

「『伝えたいこと』に対して自分の意見・感想をもつ力」。

筆者が伝えたいことを正確に受け取ることなくして、「自分の意見・感想をもてた」などと言ってはいけない。それは筆者に対して失礼極まりないことだ。

まずは「『伝えたいこと』を正確に受け取る」ということが大前提であり、そのうえで、「自分の意見・感想をもつ」という力も大事になってくる。

「『伝えたいこと』を正確に納得して受け取る力」をつけるためには、「『伝えたいこと』の伝え方について、検討する力」も密接に関連してくる。それらを踏まえて「『伝えたいこと』に対して自分の意見・感想をもつ力」も身についてくる。

この三つの力がバラバラではなくて、密接に絡み合っている。

我々が説明文を教材にして、なぜ国語授業をしているのかといえば、この三つの力を育み、「言葉の力」をつけるためだ。

そのための大前提になるのが「説明文とは何か？」という理解だ。

いま一度確認しておこう。

説明文は、明確に「伝えたいこと」があって書かれた文章である。

説明文とは、筆者が読む人にわかってほしくて書いている文章だ。

筆者には、わかってほしくてたまらないことがある、伝えたいことがあって書いている。

ただし、わかってほしいこと、伝えたいことは、ただなんとなく言葉を並べただけでは、伝わらない。

だからこそ、筆者は精いっぱいの工夫をしながら、言葉を選び、伝えようと文章を書いている。それが説明文である。

六歳で小学校に入ってくる子どもたち。

この子たちは、読み書きを習い、漢字に出会って感動する。「漢字が書けた」、「作文がつくれた」、と言って、ものすごく喜ぶ。

「三つの文のまとまりをつくって、また三つの文のまとまりをつくって」

「まとまりで書くときには、行を変えて一マス空けて」…といったことを嬉々として学ぶ。

筆者には、わかってほしくてたまらないことがある。

わかってほしいことを、しっかりと伝えるために、

筆者は精いっぱいの工夫をし、言葉を選んで書いている。

小学校、中学校、高校、そしてある子は大学まで、発展させていきながら、学びを重ねていくわけだが、学びの原点は小学校にある。六歳で入って、十二歳までの六年間、小学校で学ぶことが、全ての子どもたちの基本になっている。だからこそ「心して授業をせねばいかんな」と、改めて感じている。

高校あるいは大学までの学びを終えて、その後社会人として生きていく際の、基盤となる力を六歳から十二歳の間に学んでいる。だからこそ、我々はもっと、子どもに育むべき「言葉の力」を吟味し、精選すべきだと思う。

曖昧な、なんとなくの授業を繰り返していては、子どもたちに申し訳がない。

説明文で学ぶことはいろいろあるけれど、説明文で教えることを、もっと精選すべきではないか。

子どもの主体的な読み、子どもの興味・関心、といったことをすぐに口にするけれど、説明文を使って授業をして、育むべき力とは何ぞや、といったときに「こういう力」をつけているんだという、我々授業者の意識がもっと確かでないといけないと思う。

だから私は、

「伝えたいこと」を正確に納得して受け取る力
「伝えたいこと」の伝え方について、検討する力
「伝えたいこと」に対して自分の意見・感想をもつ力

を意識しながら、説明文の授業をつくっている。

まとめ

◆説明文は、明確に「伝えたいこと」があって書かれた文章である。

◆筆者意識をもっと強く子どもにもたせるべきだ。

◆子どもたちに、曖昧な読みをさせてはいけない。

◆子どもたちに、曖昧な、なんとなくの授業を繰り返してはいけない。

◆子どもに育むべき「言葉の力」を吟味し、精選すべきだ。

◆説明文で育みたい三つの力
「伝えたいこと」を正確に納得して受け取る力
「伝えたいこと」の伝え方について、検討する力
「伝えたいこと」に対して自分の意見・感想をもつ力

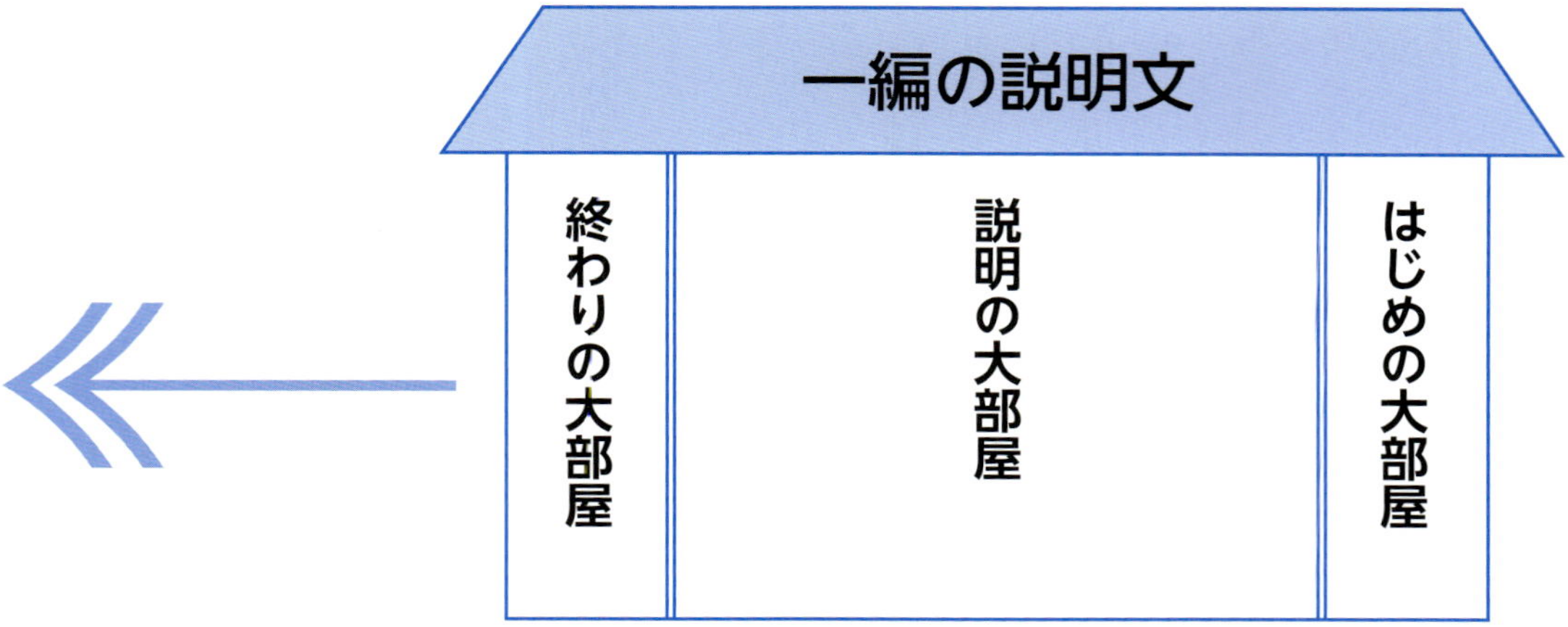

「説明文の家」をつくろう

先に挙げた「三つの力」を獲得していくために、私の国語教室では、一年生から六年生まで継続的に「三つの大部屋読解法」で説明文を指導している。

三つの大部屋読解法とは、一編の説明文を「はじめの大部屋」「説明の大部屋」「終わりの大部屋」の三つの大きな部屋でできた、一軒の家と考えよう、という読み方だ。

説明文は、その要旨を、読み手に正確に受け取ってほしいと、筆者がさまざまな工夫をして書いている。その最も重要な工夫が、一編の説明文は三つの大部屋からできているという「美しい仕組み」だ。

優れた説明文は、基本的にこの美しい仕組みでできている。三つの大部屋読解法は、優れた説明文の美しい仕組みを学ぶということでもある。

説明文は「家」であるとイメージして、説明文を読むことを一年生から教える。

一編の説明文は、一つの家だと考えてごらん。

しっかり読むと、家の中が見えてくる。外から見ると、説明文の家は屋根と外側の壁しか見えない。だけど、説明文の家の中を見ようとすると見えてくる。

しっかりと書かれている言葉を読むと、家の中が見えてくるんだ。

どのように見えてくるかというと、まず見えてくるのは、

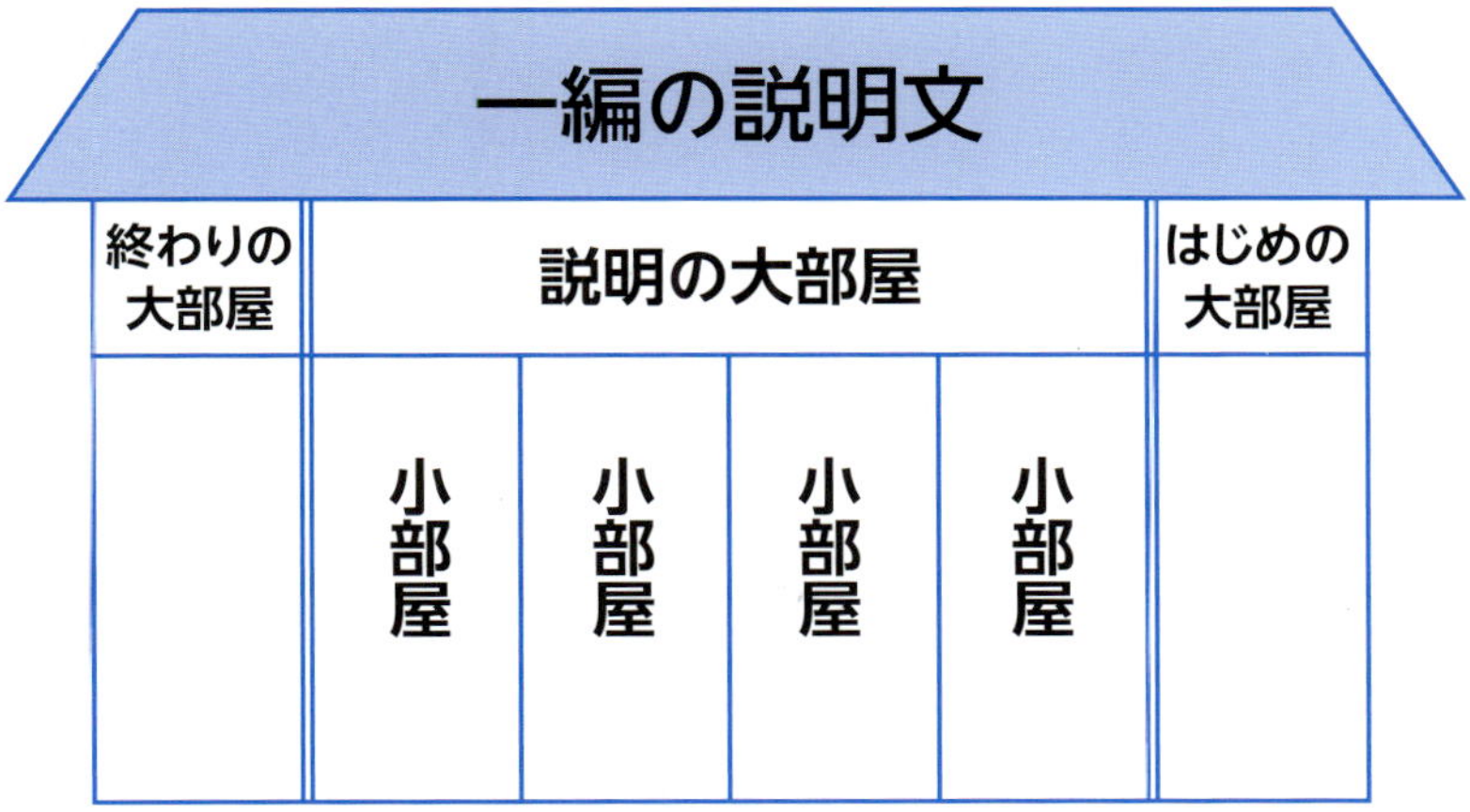

三つの大きな部屋。

　一つ目の部屋は「はじめ」という大部屋。二つ目、真ん中の部屋は広い「説明」という名前の大部屋。三つ目は、あまり広くない「終わり」という名前の大部屋。こういう三つの大きな部屋が見えてくる。

　さらによく見てみると、説明の大部屋の中に、いくつかの小部屋があるのが見えてくる。この小部屋の数は説明文によって違ってくる。

　例えば、この説明文は四つの小部屋からできているのが見えてくる。

　それぞれの小部屋にはそれぞれ名前があるが、まだはっきりと書かれていない。だから、小部屋の名前は、自分でつけてあげる。どの小部屋にも名前はあります。でも、名前は書いていないから、名札に名前を書いてあげよう。

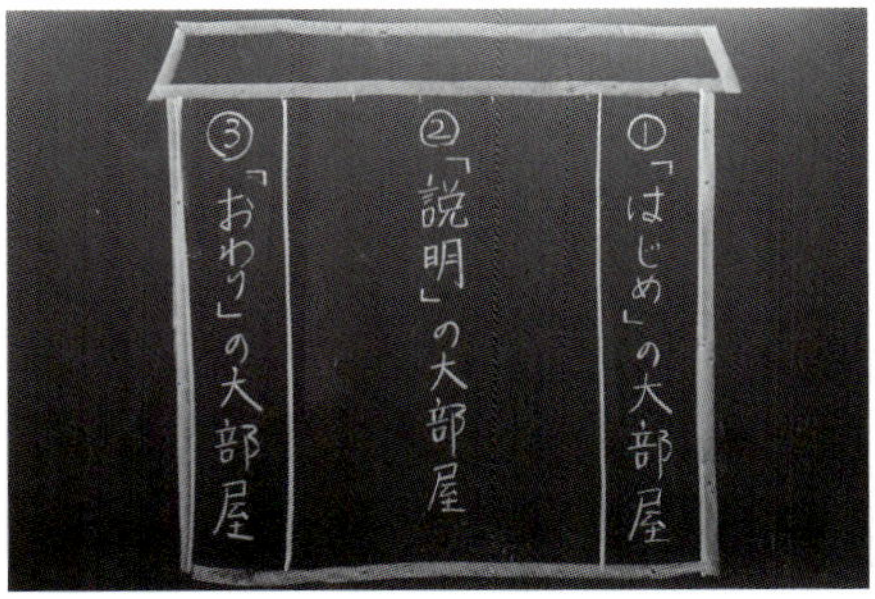

　これが低学年で教える説明文の家の段階。私は『いろいろなふね』を使って、ここまでを教える。

いろいろなふね

❶ ふねには、いろいろなものがあります。
❷ きゃくせんは、たくさんの人をはこぶためのふねです。
❸ このふねの中には、きゃくしつやしょくどうがあります。

❹ 人は、きゃくしつで休んだり、しょくどうでしょくじをしたりします。
❺ フェリーボートは、たくさんの人とじどう車をいっしょにはこぶためのふねです。
❻ このふねの中には、きゃくしつや車をとめておくところがあります。
❼ 人は、車をふねに入れてから、きゃくしつで休みます。
❽ ぎょせんは、さかなをとるためのふねです。
❾ このふねは、さかなのむれを見つけるきかいや、あみをつんでいます。
❿ 見つけたさかなをあみでとります。
⓫ しょうぼうていは、ふねの火じをけすためのふねです。
⓬ このふねは、ポンプやホースをつんでいます。
⓭ 火じがあると、水やくすりをかけて、火をけします。
⓮ いろいろなふねが、それぞれのやく目にあうようにつくられています。

（東京書籍『あたらしいこくご』平成27年度一年下　編集委員会文）

『いろいろなふね』は十四段落。これでお家をつくってみようと促す。学習としては、まず屋根をつくり、外壁で囲う。その次に、三つの大部屋をつくる。

一年生レベルで「三つの大部屋を考えなさい」というときに大切なのは、「説明の大部屋」がどこから始まってどこまでで終わっているのかをとらえさせること。

「説明の大部屋」の前に「はじめの大部屋」があり、「説明の大部屋」が終わったあとに「終わりの大部屋」がある、と考えさせればいい。

「はじめの紹介」をして、「説明」があって、説明のあとに「まとめ」がある、と言っても

いろいろなふね

はじめの大部屋	説明の大部屋	終わりの大部屋
❶	❷ ❸ ❹ ❺ ❻ ❼ ❽ ❾ ❿ ⓫ ⓬ ⓭	⓮

いい。

だから、「説明の大部屋」がどこから始まって、どこまでで終わるかが、とても大事になってくる。

説明文の題名が『いろいろなふね』だから、筆者はいろいろな船についての「何か」を伝えたいということがわかる。一回読んで大部屋を考えたときに船の名前が出てきたら、つまり、具体的な名前が出始めたら説明が始まっているな、というとらえ方を教えると理解が進む。

『いろいろなふね』の場合、最初に船の名前が出てきたら、説明が始まったな、というとらえ方で読んでみる。

すると、具体的な名前が出てくる❷からが「説明の大部屋」。❶は、あいさつ。すなわち「はじめの大部屋（紹介）」だとわかる。

❷から始まった「説明の大部屋」はどこまで続くか。⓭では消防艇の説明をしているからまだ終わりではないと見当をつけ、⓮が「終わりのまとめ」をしている、「終わりの大部屋（まとめ）」ととらえる。これが低学年のとらえ方の基本だ。

❶段落が「はじめの大部屋」。❷〜⓭段落までが「説明の大部屋」、⓮段落が「終わりの大部屋」という大きなくくりができた。

低学年レベルで「三つの大部屋を考えなさい」というときに大切なのは「説明の大部屋」がどこから始まってどこで終わっているかをとらえさせること。具体的な名前が出てきたら「説明が始まったな」ととらえると理解が進む。

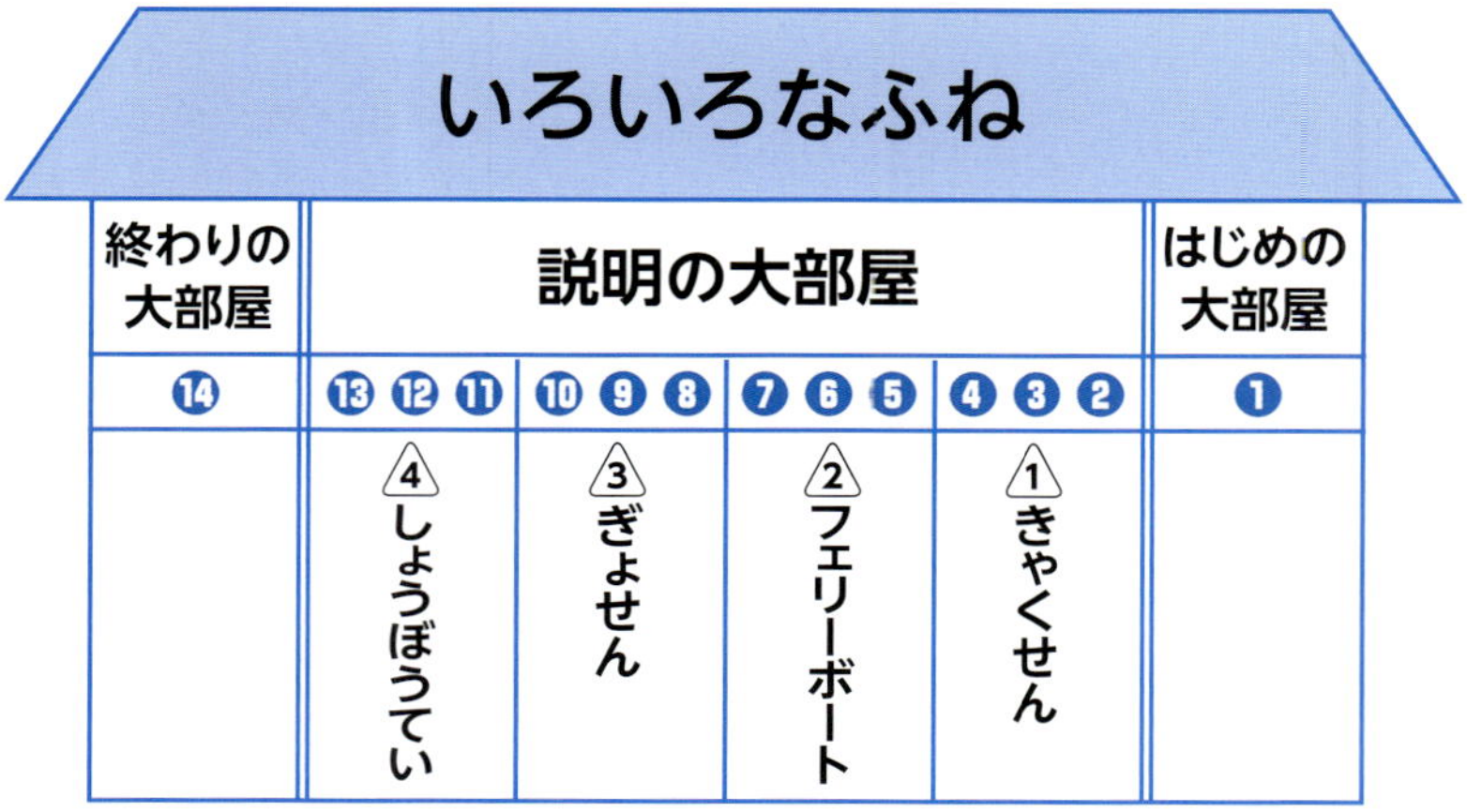

終わりの大部屋	説明の大部屋				はじめの大部屋
⑭	⑬ ⑫ ⑪	⑩ ⑨ ⑧	⑦ ⑥ ⑤	④ ③ ②	①
	△4 しょうぼうてい	△3 ぎょせん	△2 フェリーボート	△1 きゃくせん	

三つの大部屋に分けることができたら、次は「説明の大部屋」の中を小部屋に区切っていく。

『いろいろなふね』では、名前が四つ出てきて、四つの船の説明をしている。すなわち、小部屋は❷から⓭の中で、四つに分かれる。

❷・❸・❹は客船、❺・❻・❼はフェリーボート、❽・❾・❿は漁船、⓫・⓬・⓭は消防艇の説明がなされていることを確認して部屋を区切る。

大きな区切り、小さな区切りを意識するために、大部屋の区切りは二重線で、小部屋の区切りは一本線で引くように指導している。

❶が「はじめの大部屋」、❷から⓭が四つの小部屋に分かれた「説明の大部屋」、⓮が「終わりの大部屋」ということは、一年生でもとらえることができる。

小部屋の名前は、説明している船の名前をそのまま つければ、一つ目が「客船」、二つ目が「フェリーボート」、三つ目は「漁船」、四つ目は「消防艇」とつけられる。これは、一年生でも可能だろう。

低学年レベルでは、一単語の名前づけで良しとするが、たとえ一単語ずつの名前であっても、なんとなく流さないことが基本だ。つまり、一つ目の小部屋について、「客船の説明といっているが、本当かどうか」という検討は必要であり、実際の授業でもそれを確かめてから次に進む。

❷は「客船は」といっているので、客船の小部屋。❸は「この船」と指示代名詞でいっていて、❷のことをいっているので、これも客船。❹は「客船」もないし「この」もないけれど、客室・食堂ということからもわかるし、❸のあとを受けて続いているので、これも客船でいいだろう。

ところが❺になると「フェリーボート」の説明に入っているので、小部屋が変わったと

いうことになる。といったように、一つずつ確実におさえたい。

これが低学年レベルの「説明文の家」のとらえ方。低学年でおさえるべき学習内容である。

（『いろいろなふね』を学習材にした実践は、『説明文一日講座』に詳しい。）

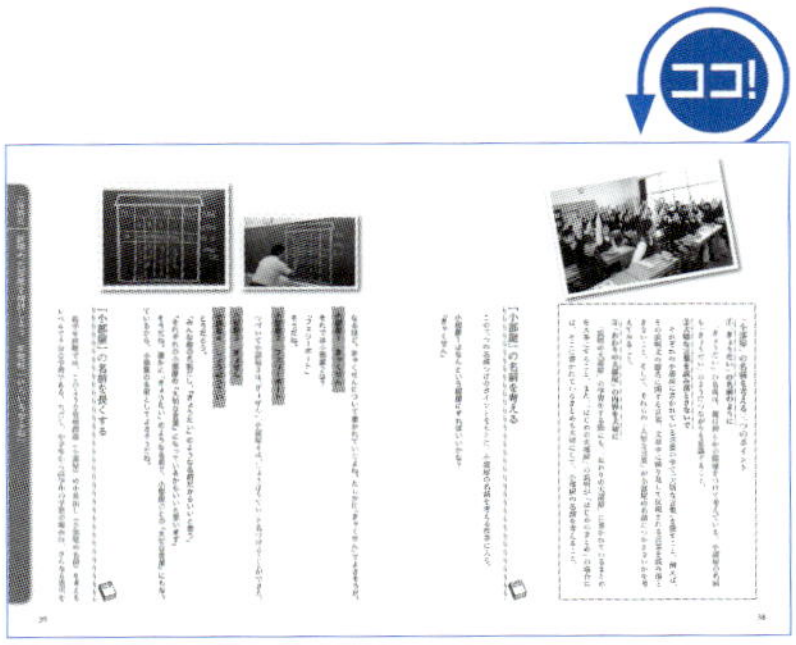

一日講座シリーズ1『説明文一日講座』（P6～51）

学年に応じたとらえ方

さらに中学年になったら、「はじめの大部屋」と「終わりの大部屋」を性格からとらえることを教える。

「はじめの大部屋」の性格として三つ、「終わりの大部屋」の性格としては三つという学びが、中学年では必要である。

「はじめの大部屋」には、大きく分けて次の三つの性格がある。

〈「はじめの大部屋」の性格〉

①話題の提示

②大きな問いの投げかけ

③はじめのまとめ

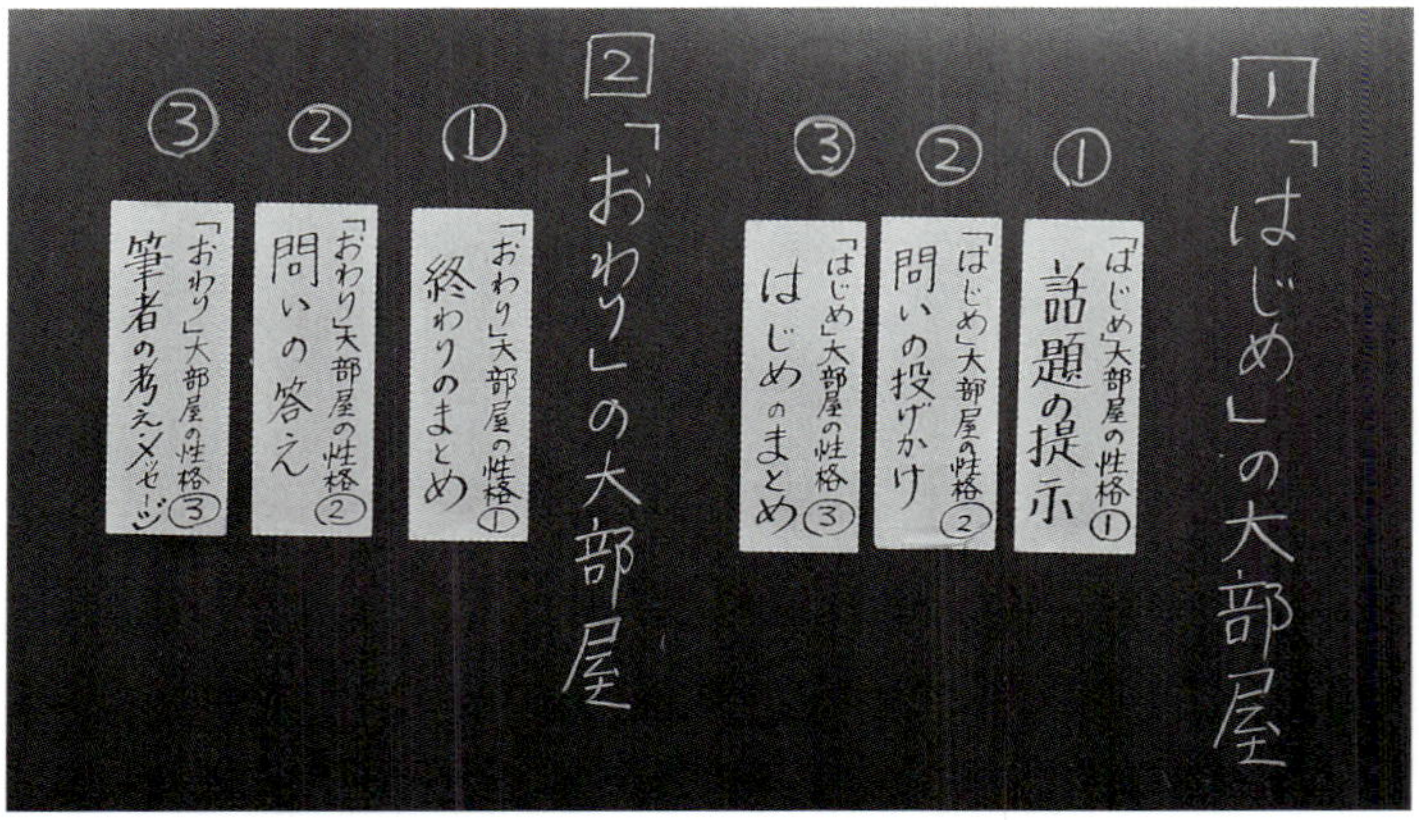

まず、①の「話題の提示」。これは、話題の紹介といってもいい。自分が伝えたいことを紹介する。読者の興味・関心を引っぱるという役割をしている。

②の「大きな問いの投げかけ」は、「どうして〜なのでしょうか?」というように、問いを投げかける形。「はじめの大部屋」に出てくる疑問形の文章は、まずおさえること。ただ、疑問形の文が、大きな問いかどうかの検討、見きわめが必要となる。その疑問形の文が、話題提示レベルの問いの文なのか、文章全体、つまり伝えたいことにかかわる問いなのか。すなわち「小さな問い」なのか「大きな問い」なのかの検討が必要だ。「大きな問い」だとしたら、大事な性格としておさえよう。当然、問いと対応する答えが、どこにどのように書かれているかが、「大きな問い」かどうかの大きな検討材料になる。

③の「はじめのまとめ」は、伝えたいことについて触れてしまう、伝えたいことを先に言ってしまうというパターンである。

「はじめの大部屋」の性格は、この三つに集約できる。

「終わりの大部屋」の性格にも三つあり、「はじめの大部屋」に対応していると考えると、とらえやすい。三つの性格を挙げる。

〈「終わりの大部屋」の性格〉

❶終わりのまとめ

❷大きな問いの答え

❸筆者の考え・メッセージ

❶一つ目は「このように〜は〜である」というようにくくってまとめるパターン。「はじめのまとめ」に対する「終わりのまとめ」。

❷二つ目は大きな問いに対応して、その答えを結論部分でしっかり書いてある。「大きな問い」の答えの性格をもっている結論。

❸三つ目は結論で、筆者自身が自分の意見、主張を明確に述べているという場合。その結論は、筆者の意見の性格をもっている、または読者への提言、提案、何らかのメッセージを発している。

「はじめの大部屋」に書かれていることの性格はだいたい三つだなということを学んだうえで、だから「はじめの大部屋」はここまでだ。そこから説明が始まり、ここまでが「説明の大部屋」。そして「終わりの大部屋」はここからここまでだろう、なぜなら「終わりの大部屋」に書かれていることの性格は三つのこれだから、という読みをさせる。

三つの性格を学ぶと、「❶段落が『はじめの大部屋』、❷段落からは説明に入る。⑭段落が『終わりの大部屋』である。なぜなら…」といった明確な根拠をもつことができる。だから「はじめの大部屋」の三つの性格、「終わりの大部屋」の三つの性格の学習は、きわめて重要だ。

さらに中学年では、説明の大部屋のとらえ方も進化させる。小部屋の名前のつけ方を低学年での一つの単語レベルの名前から、もう少し言葉をつけたして長く表すようにしたい。

子どもたちには、学年に応じて段階的に教えることが大切。
中学年になったら、「はじめの大部屋」と「終わりの大部屋」を性格からとらえることを教える。

小部屋の名前のつけ方

小部屋の名前は、低学年レベルでは「客船」「フェリーボート」「漁船」「消防艇」といった具合に、一単語で良しとしたが、中学年では「小部屋の名前をもう少し長くしてごらん」と指示する。

子どもたちに、小部屋の名前のつけ方を指導する際のポイントは、まず

「兄弟姉妹になるように考えて名前をつけてごらん」。

なんらかのつながりがあるように名前をつけるというのが、「兄弟姉妹のように」という意味だ。

ポイントの二つ目は、

「重要語句を読み落とさないで名前をつけてごらん」。

説明文には「重要語句」、つまり大切な言葉というものがあり、名前を考えるときにそれを読み落とさないことが大切だということだ。

「重要語句」とはどういう言葉かというと、一つは、繰り返し出てくる言葉。すなわち、反復される言葉、何度も繰り返される言葉は、大切な言葉として読みなさいと指導する。

もう一つは、「題名と深くかかわる言葉」。題名というのは、伝えたいことと密接に関わる言葉であることは決まっているので、題名に深く関係する言葉は、反復される言葉と同様、重要語句としておさえさせたい。

例えば『いろいろなふね』であれば、船の名前は重要語句だと思っておさえないといけない。この言葉が、部屋の名前をつけるときに使えないかどうかを考えよう。もちろん使

えない場合もあるが、重要語句を基本として名前を考えよう、と指導する。

名前をつけるための三つ目のポイントは、

「『終わりの大部屋』を大切にしよう」。

「終わりの大部屋」を常に意識して、「終わりの大部屋」に使われている言葉が、小部屋の名前をつけるときに使えないかと考える。

『いろいろなふね』の小部屋に、中学年で名前をつける際に注目したいのが「役目」という言葉だ。なぜ、役目という言葉がここに出てくるのかというと、「なになにするため」という言葉が繰り返され、「終わりの大部屋」に「いろいろなふねが、それぞれの役目に合うようにつくられています」と書いてあるからだ。

繰り返し出てくる言葉を読ませ、終わりの大部屋に出てくる「役目」という言葉に着目させて、役目に合うようなつくりを考えて小部屋の名前を兄弟姉妹のようにつける。これが中学年での大切な、学習になる。

ただ、なんとなく読ませるのではなく、本文に戻り、「どの部分にあるからわかる」と理由づけて考えさせる習慣をつければ、三年生でもこの読みはできる。

「はじめの大部屋」の性格は①話題の提示 ②大きな問いの投げかけ ③はじめのまとめ。

「終わりの大部屋」の性格は❶終わりのまとめ ❷大きな問いの答え ❸筆者の考え・メッセージ。

それぞれ三つの性格を、かけ算の「九九」のように覚えさせておきたい。

実際の授業での流れはこうだ。

低学年では、一単語で考えていたが、「小部屋の名前をもう少し長くしてごらん」と指示する。その際『いろいろなふね』では、「〜するため」「〜するため」と繰り返されているから、小部屋の名前に入れ込みたいと考える。

「何々するための何」というと落ち着きが悪いので、代わりに「何々の役目」という言葉にすると、兄弟姉妹のようにしっくりとくる。

そしてその役目だけでいいのかというと、それに加えて役目に合うようにつくられていることに目が向く。

役目に合うように設備があるよ、ということ。これをそれぞれの小部屋の名前に入れ込みたいと思う。

そして、再度、「終わりの大部屋」を見ると、「役目に合うようにつくられています」とあるから「船の役目と、それに合うつくり」という名前を引き出すことができる。

1 「客船の役目とそれに合うつくり」

2 「フェリーボートの役目とそれに合うつくり」

3 「漁船の役目とそれに合うつくり」

4 「消防艇の役目とそれに合うつくり」

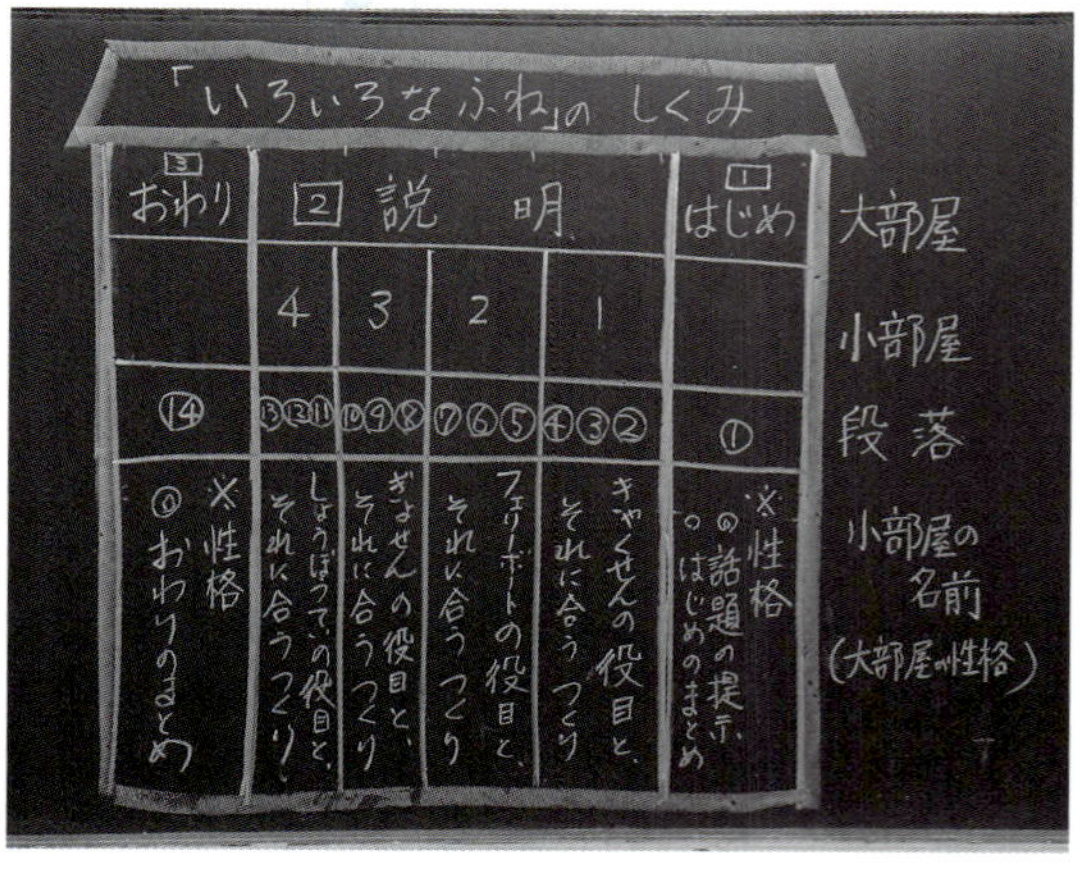

こうして兄弟姉妹のように美しく名前がつけられた。

これが、中学年の大事な学習になる。

高学年では「説明文の家」の用語を切り替える

「説明文の家」という用語は、独自の用語なので、学習指導要領にある共通の言葉を使った学習にどこかで切り替える必要がある。

高学年になったら、「はじめの大部屋」を別の学習用語「序論」という名前で学ぶ。「説明の大部屋」は「本論」、「終わりの大部屋」は「結論」という名前になり、「説明の大部屋」の中の小部屋は、それぞれ「意味段落」と呼ぶことを教える。

説明文では、言葉が集まり文をつくっている。文が集まって段落をつくっている。段落が意味のまとまりをもって、「意味段落」をつくっているというようにとらえる。

そして、同じ段落という言葉を使うので、はじめの段落を「形式段落」と呼ぶ。意味段落という用語を教えたら、「その前の段落のことを形式段落と呼ぶよ」と教えるといい。これは学習指導要領の解説に出てくる言葉だから、おさえておきたい。

形式段落の形式の意味は、「見てわかる段落」。つまり、作文で、行をかえて一マス下げ

小部屋の名前は適当につけてはいけない。
兄弟姉妹のように、重要語句を落とさず、結論に書かれている言葉を大切にして、小部屋の名前を考える。

て書き始められることによって、段落が変わっているということが、読み手にわかる、見てわかる、形式としてわかる段落だから「形式段落」だと説明すると理解が進む。

形式段落が意味のまとまりとして、意味段落をつくっている。その意味段落が集まって、一編の文章をつくっている。これが説明文の基本的な仕組みだ。

さらに、意味段落がいくつか集まって、「序論・本論・結論」というさらなる大きな三つのまとまりをつくっているととらえる。

例えば『いろいろなふね』では、本論が十二の形式段落からなり、それがまとまって、四つの意味段落からできている。先に紹介した小部屋に名前をつける学びは、この四つの意味段落に小見出しをつける学習と同じことをしていたことになる。

兄弟姉妹のように名前をつける、というのは、四つの意味段落の関係を考えながら読むということであり、段落相互の関係をとらえ、全体の構成を意識しながら、伝えたいことを正確に受け取るためにきわめて重要な学習になる。

どの説明文にも、その文章を書いた筆者がいる。筆者は、自分の伝えたい事実や考えを読者にわかってもらうために、さまざまな工夫をしながら文章を書いている。

例えば、序論で話題の紹介をし、本論で伝えたいことを具体的にわかってもらうために、四つの小部屋で具体的に例を挙げ、最後に、「このように」とくくって「終わりのまとめ」をしている説明文であれば、伝えたいことは、結論にあるとわかる。「ああ、筆者は、こういうことを伝えたいために、こういう四つの具体例を挙げているんだな」というとらえ方ができる。

あるいは、この説明文は序論で「はじめのまとめ」をしているじゃないか。先に伝えた

いことを書き、伝えたいことを納得してもらうために四つの例を挙げているんだな。そして最後にもう一回、「終わりのまとめ」をし直しているな、というようなとらえ方もできる。

筆者には伝えたいことがあり、そのために精いっぱい言葉を選び、文をつくり、そして形式段落をつくり、意味段落でまとめ、全体としては、序論・本論・結論という大きな三つのまとまりで書いている。優れた説明文はどれも「美しい仕組み」をもっている。

だから、ちょっと見て、難しそうな説明文でも、読むことを恐れる必要はない。

よりよい伝え方を考えるなら、例えば「実際は、四つの小部屋で例を挙げているけれど、もっと例があったほうがいい」、「もっと小部屋を増やしてほしいな」といった改善策の検討もできる。

説明文では、「私が」ではなく、「筆者が伝えたいことは何か」ということをつかむ、要旨を受け取ることが大切だ。説明文を読んで、「私はこんなことを強く感じました」という短絡的な感想をもってもしかたがない。

さらに言えば、要旨を受け取ったうえで、説明文の筆者が伝えたいことがどのように表現されているかを検討し、筆者の伝えたい考えや意見に対して、読者として自分の意見をもち、表現することが最終のゴールとなる。

『いろいろなふね』は一年生の教材だけれど、私はこれを高学年まで繰り返し使う。

大切なのは、なんとなく読むのではなく、妥当な読みをすること。説明文の美しい仕組みを正確にとらえ、常に文章に立ち戻り、詳しく読む学習を繰り返し指導したい。

「説明文の家」をつくろう

『いろいろなふね』で、説明文の美しい仕組みを学んだ四年生あるいは五年生が、次の教材『はたらく　じどう車』で学ぶことを考えてみる。筆者が伝えたいことを、正確に納得して受け取ることができるだろうか。

一読してから家をつくってみよう。

はたらく　じどう車

① じどう車には、いろいろなものがあります。どのじどう車も、やくわりにあわせてつくられています。

② バスは、おおぜいのおきゃくをのせてはこぶじどう車です。

③ ですから、たくさんのざせきがあります。つりかわや手すりもついています。

④ バスは、おおぜいのおきゃくをのせて、きまったみちをあんぜんにはしります。

⑤ コンクリートミキサー車は、なまコンクリートをはこぶじどう車です。

⑥ ですから、大きなミキサーをのせています。

⑦ コンクリートミキサー車は、なまコンクリートがよくまざるように、ミキサーをまわしながら、こうじをするばしょにはこびます。

⑧ ショベルカーは、じめんをほったり、けずったりするじどう車です。

⑨ ですから、ながいうでとじょうぶなバケットをもっています。

⑩ ショベルカーは、こうじのときに、うでとバケットをうごかして、土をけずり、べつのばしょにはこびます。

⑪ ポンプ車は、水をつかってかじをけすじどう車です。

⓬ ですから、水をすい上げたりまいたりするホースをつんでいます。
⓭ ポンプ車は、かじばで、いけやしょうかせんからすい上げた水をかけて、火をけします。

（教育出版『しょうがくこくご』平成27年度一年下　編集委員会文）

十三段落の説明文。三つの大部屋は見えただろうか。

序論は❶段落。❷から本論ということはつかめると思う。

なぜ、❶だけが序論で❷からは本論だというとらえ方をしたのかといえば、❷段落からは「バス」という具体的な名前が出ているから。

「はたらくじどう車」という題名から、働く自動車についてわかってほしくて書いた説明文だという大前提。

一回読むと、自動車の名前がいくつか出てくることがわかる。

最初に名前が出てくるのはバス。ここから説明が始まったなという考え方ができる。なぜなら、具体的な名前が❷から出てくるから。最初に具体的な名前が出てきたところから本論が始まったな、とわかることが大切。これは低学年のとらえ方だ。

すでに、『いろいろなふね』で学んでいることを前提とするので、性格に合わせて序論を検討してみる。

「❶は序論だ、性格がこうだと考えたから」という言い方で考えてみよう。すると、考えられるのは、話題提示。「いろいろなものがあるんだよ」と話題を出している。

❶は話題提示、❷から具体的な「バスは」とくるので、❷から本論。バスの小部屋は❷〜❹、❺〜❼がコンクリートミキサー車の小部屋、❽〜❿がショベルカーの小部屋、⓫〜⓭がポ

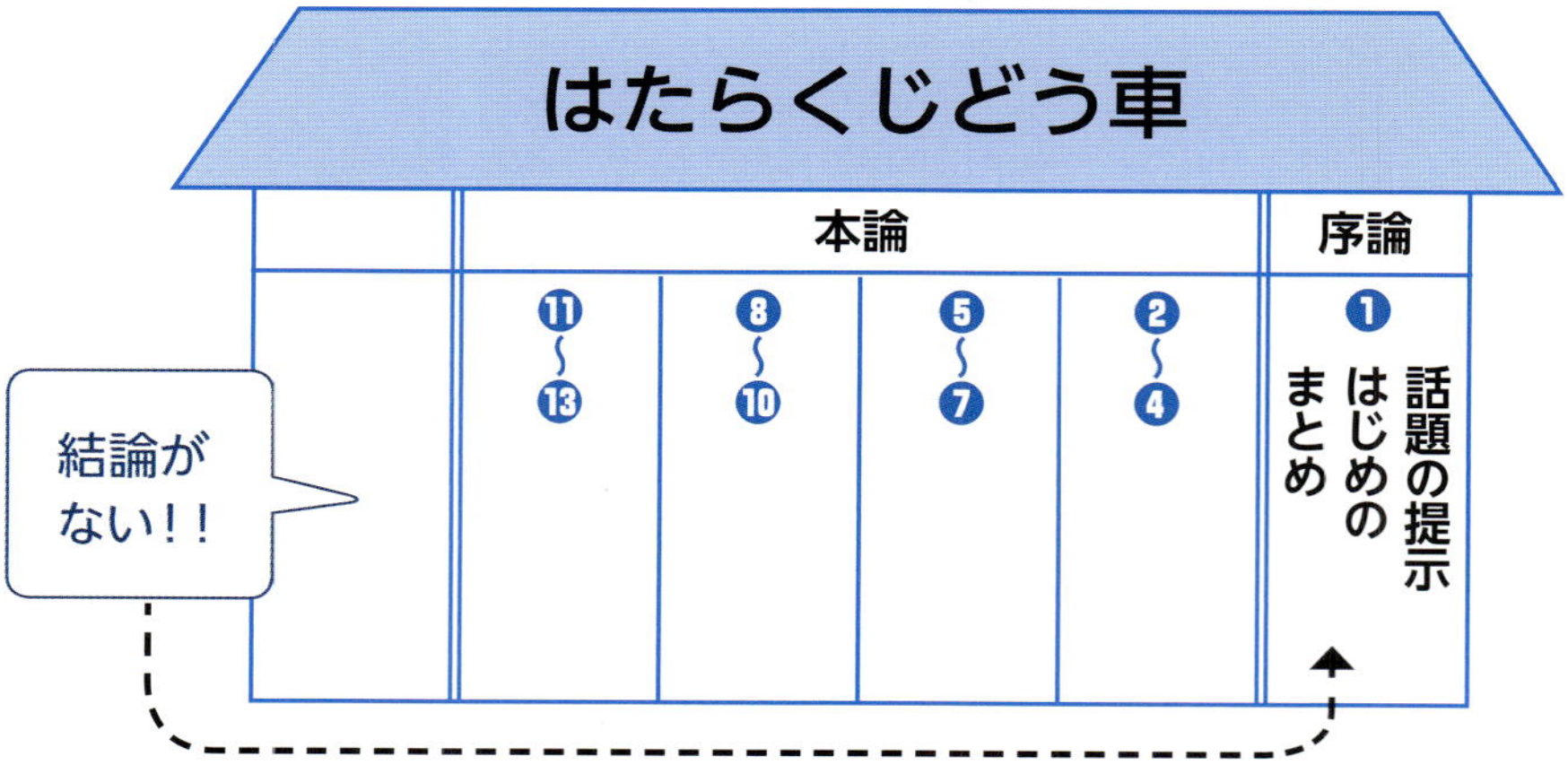

ンプ車の小部屋ということがわかる。

小部屋は四つ。

すると、説明で終わり、結論、つまり「終わりの大部屋」、まとめがないことがわかる。

結論をもたない説明文だとすると、結論がもっている性格はどうなるのか？　どこかが結論の性格を担わないといけない。どこかに「終わりのまとめ」、結論に替わるものがあるはずだ。

そこで、序論は「話題の提示」だけで止めておいてはいけないな、という読み直しが始まる。つまり、この説明文は、前に結論を書いてあるのではないか？　序論が「はじめのまとめ」の性格をもっているんじゃないかと、とらえ直す。ないものがあるはず、という読み直しの目で序論を見ると、「いろいろなものがある」といいつつ、「役割に合わせてつくられている」ということが書いてある。これが伝えたいことの中心であり、ここに結論があるということがわかる。

次に、小部屋の名前をつけていこう。

そもそも結論、「終わりの大部屋」が大切なのは、そこにまとめが書かれていることが多いから、というのが大前提。結論、「終わりの大部屋」が大切だとされているが、この説明文の場合には、「はじめの大部屋」に結論があるので、それを大切にして名前をつけてみようという切り替えを行う。

すると「どのじどう車もやくわりにあわせてつくられています」の「やくわり」という言葉が使えそうだ。

バスは大勢の人を乗せて走る自動車。バスの「やくわり」は❷段落にある。

コンクリートミキサー車は❺段落。ショベルカーは❽段落、ポンプ車は⓫段落。それぞ

れ使う車だ。「やくわり」という言葉で、小部屋の名前ができる。
問題は、「やくわり」だけではなくて、やくわりプラス「つくり」。
やくわりプラス、やくわりに合わせてつくってある設備、つまり「つくり」を名前に使える。四つの小部屋はそれぞれ反復なので、四つ子のように名前をつけることができる。

❷〜❹　バスのやくわりとそれにあわせたつくり
❺〜❼　コンクリートミキサー車のやくわりとそれにあわせたつくり
❽〜❿　ショベルカーのやくわりとそれにあわせたつくり
⓫〜⓭　ポンプ車のやくわりとそれにあわせたつくり

クイズレベルだと要旨をまとめることもできる。

「いろいろな自動車があり、どの自動車も、役割に合わせてつくられている」というのが、要旨になるだろう。

クイズレベルで要旨をまとめろと言われたら、言えるわけだ。

ただ、これは答えがわかっただけで納得はできていない。

国語の授業では、納得しなくてはならない。納得するためには、本論をしっかり読まないと納得できない。

この説明文では、繰り返し、自動車を例にして、どの自動車も「役割に合わせてつくられている」と、説明している。

納得して受け取るためには、やっぱり長い本論を詳細に読むことが必要だ。

小部屋の名前を段落相互の関係を意識してつけられたときに、すなわち、本論を正確に読み取って、小部屋の名前を兄弟姉妹のようにつけられたときに、はじめて納得して要旨

を受け取れたといえる。

入試問題では、「どこにまとめがあるか、まずそこを読め」、そして、「まず解ける問題を解け」と指導される。試験やクイズレベルならそれでもいい。確かに時間もなく、全部を読まない、いや、読めないこともあり、クイズのレベルでの要旨でまとめることも必要なのだろうが、我々の場合は違う。

小学校で説明文を教えるという場面では、「納得して読み取る力」が必要なのであり、それを受け取るためには、まず、長い本文を読むことは欠かせない。「伝えたいこと」を正確に受け取るためには、詳細に読むことは避けて通れないのだ。

文に戻り、言葉に戻って、繰り返し読み、納得して名前をつけることから始まる。

『はたらくじどう車』のような説明文の構成を「頭括型」という。つまりはじめにまとめをもつパターン。

先に挙げた『いろいろなふね』のような基本構成の説明文は、終わりでまとめをするから「尾括型」という。

もう一つ、序論で「はじめのまとめ」をしておいて、具体例を説得するために本論で挙げ、結論で改めて、「終わりのまとめ」をし直すパターンもある。「終わりのまとめ」ではなく、筆者が最後に意見を述べるパターンもある。そういった形を「双括型」、または両方でまとめるから「両括型」という。

この三つの仕組み、説明文の構成として、どこにまとめをおくか、どこにまとめがあるかの学習も重要な学習だ。

尾括型　結論に「終わりのまとめ」をもつパターン…いちばん多い

頭括型　序論に「はじめのまとめ」をもつパターン

双括型または両括型　序論で「まとめ」を示し、結論で再度くくり直すパターン

家を描くと説明文が見えてくる

この「まとめの型」も理解した四年生なり五年生なりに、次の説明文を使って、考えを深めてみよう。

まほうのぬの「ふろしき」

❶ふろしきは、日本でむかしからつかわれている、とてもべんりな四角いぬのです。
❷ふろしきは、いろいろな形や大きさのものをつつんではこぶことができます。丸くて大きなすいかも、四角いはこも、細長いびんも、どれもうまくつつむことができます。
❸また、小さくおりたたむこともできます。ですから、どこにでももちあるくことができます。
❹さらに、くりかえしつかうことができます。スーパーマーケットのふくろや紙のふくろとくらべると、やぶれにくいので、なんどでもつかうことができます。
❺このように、ふろしきはとてもべんりなものです。
❻ふろしきは、まるでまほうのぬののようです。

（東京書籍『新しい国語』平成26年度　二年上　編集委員会文）

まず、家を描いてみよう。
家を描くと、説明文がいっぺんに見えてくる。

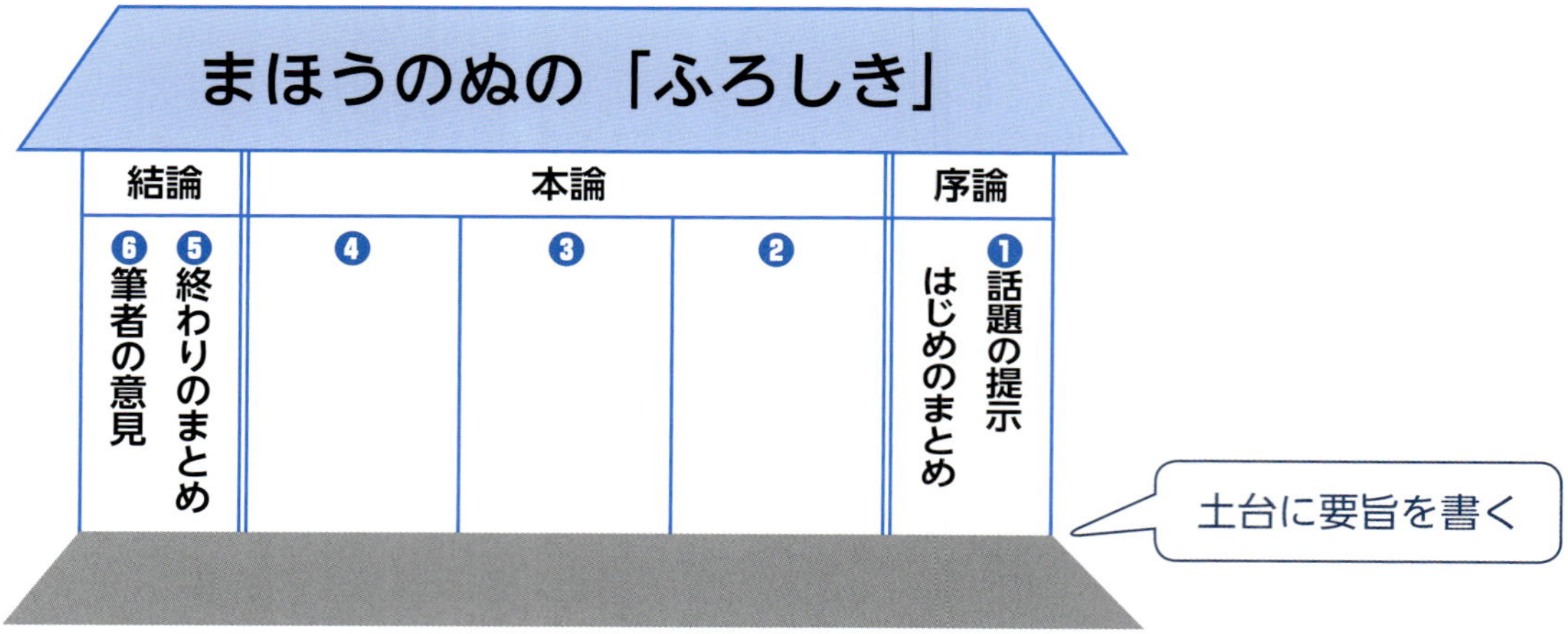

私は、いまは、家の下に土台も入れている。授業では、そこに要旨を書き込ませている。つまり土台、要旨が家を支えている。そして上のような部屋を、筆者も、きっと工夫して書いているんだろうな、ということを学んでいく。

この説明文を読んで、光り輝く言葉としておさえるのは、❺段落にある「このように」だ。一読しただけで「このように」に着目する子どもも多い。

説明文では、くくってまとめるときに使える典型的な言葉を大事にすると、伝えたいことが見えてくる。

「このように風呂敷は便利だ」……ああそうか、じゃあきっと、筆者は風呂敷が便利だということを伝えるために具体例を挙げつつ、説明しようとしているんだな、とわかる。

「このように」ということは、もちろん結論に入るよな、と予測がつく。結論を、終わりのところで説明していることは一読してとらえることができる。

ということは、❹までは、風呂敷が便利だということを詳しく説明している。ということは❹までは本論だよ、というとらえ方をする。

❻にある、「ふろしきは、まるでまほうのぬののようです」という最後の一文はどうか？

「風呂敷は便利だ」とくくってまとめたあと、筆者は、「読者よ、私は思うんだけどね、まるで魔法の布のようだよね」と自分の意見、筆者の風呂敷のとらえ方を述べている。本文では、それをわかってもらうために工夫をして説明しているに違いない、とわかる。

この説明文は、❶は序論で「話題の提示」。「とても便利な四角い布」というところから「はじめのまとめ」の性格も併せもつと読める。

❷〜❹段落が本論で三つの小部屋からなり、何を説明しようとしているかというと、風呂敷はとても便利だ、ということだとわかる。

それぞれに名前をつけるとどうなるか？　兄弟姉妹のように名前をつけてみよう。繰り返し、反復している言葉を落とさずに、結論がまとめなので、ここも大事にしながら、つけてみよう。

❷段落　いろいろな形を包むことができる便利さ
❸段落　折りたたむことができる便利さ
❹段落　繰り返し使うことのできる便利さ

筆者は、読み手が小学校の低学年だということを前提に、この説明文を書いている。一年生や二年生の中には、風呂敷をあまりを知らない子がいることも考え、❶段落で、話題の提示、紹介をしているのだろう。そしてここで「とても便利な四角い布」と言っておいて、❺段落の結論で、「とても便利なものです」とおさえている。すなわち、典型的な「双括型」の説明文であることがわかる。

そして末尾の❻では「魔法の布のようです」と筆者の意見を述べている。

こういったことを四、五年生が習うと、

「説明文って、やっぱり伝えたいために、誰かに伝えたいことを工夫して書いているな」

ということに気づくことができる。さらに、

「今度、自分が誰かに伝えるときには、しっかり伝えるための工夫をしなければ…」と考えるきっかけになり、表現の力にも転化できる。

書くときに、どこに自分の伝えたいことの中心をおくか。単に「はじめ」「中」「終わり」ではなく、どこに書くことの中心をおくかを意識するようになるということだ。「『誰に伝えるのか』、『伝える内容』によって、工夫して作文を書きましょう。そのときにこの三つの型を学んでおくと、便利だよ」ということが指導できる。

説明文の読解指導だけでなく、書くための教材としても、低学年で使う説明文の教材は有効だ。高学年で使う場合、二時間もあれば教えられるだろう。

基本的な学習によって説明文が見えてくる

では、最終課題。『ビーバーの大工事』で説明文のつくりを考えてみよう。

『ビーバーの大工事』

なかがわ　しろう

木を切りたおすビーバー

❶ ここは、北アメリカ。大きな森の中の川のほとりです。

❷ ビーバーが、木のみきをかじっています。

❸ ガリガリ、ガリガリ。

❹ すごいはやさです。木の根元《ねもと》には、たちまち木のかわや木くずがとびちり、みきの回りが五十センチメートルいじょうもある木が、ドシーンと地ひびきを立てて、たおれます。

❺ ちかよってみますと、上あごの歯《は》を木のみきに当ててささえにし、下あごのするど

い歯で、ぐいぐいとかじっているのです。するどくて大きい歯は、まるで、大工さんのつかうのみのようです。

6 ドシーン、ドシーン。

7 あちらでも、こちらでも、ポプラやなぎの木がつぎつぎにたおされていきます。

8 ビーバーは、切りたおした木を、さらにみじかくかみ切り、ずるずると川の方に引きずっていきます。そして、木をしっかりとくわえたまま、上手におよいでいきます。

9 ビーバーは、ゆびとゆびの間にじょうぶな水かきがある後ろあしで、ぐいぐいと体をおしすすめます。おは、オールのような形をしていて、上手にかじをとります。

ダムを作るビーバー

10 ビーバーは、木をくわえたまま、水の中へもぐっていきます。そうして、木のとがった方を川のそこにさしこんで、ながれないようにします。その上に小えだをつみ上げていき、上から石でおもしをして、どろでしっかりかためていきます。

11 家族《かぞく》のビーバーたちも、はこんできた木をつぎつぎにならべ、石とどろでしっかりとかためていきます。

12 一度《いちど》もぐったビーバーは、ふつうで五分間、長いときには十五分間も水の中にいます。

13 ビーバーは、夕方から夜中まで、家族《かぞく》そう出《で》でしごとをつづけます。

14 こうして、つみ上げられた木と石とどろは、一方の川岸《かわぎし》からはんたいがわの川岸まで、少しずつのびていき、やがて川の水をせき止めるりっぱなダムができあがります。

15 今までに見つかったビーバーのダムの中には、高さ二メートル、長さ四百五十メートルもある大きなものもあったということです。

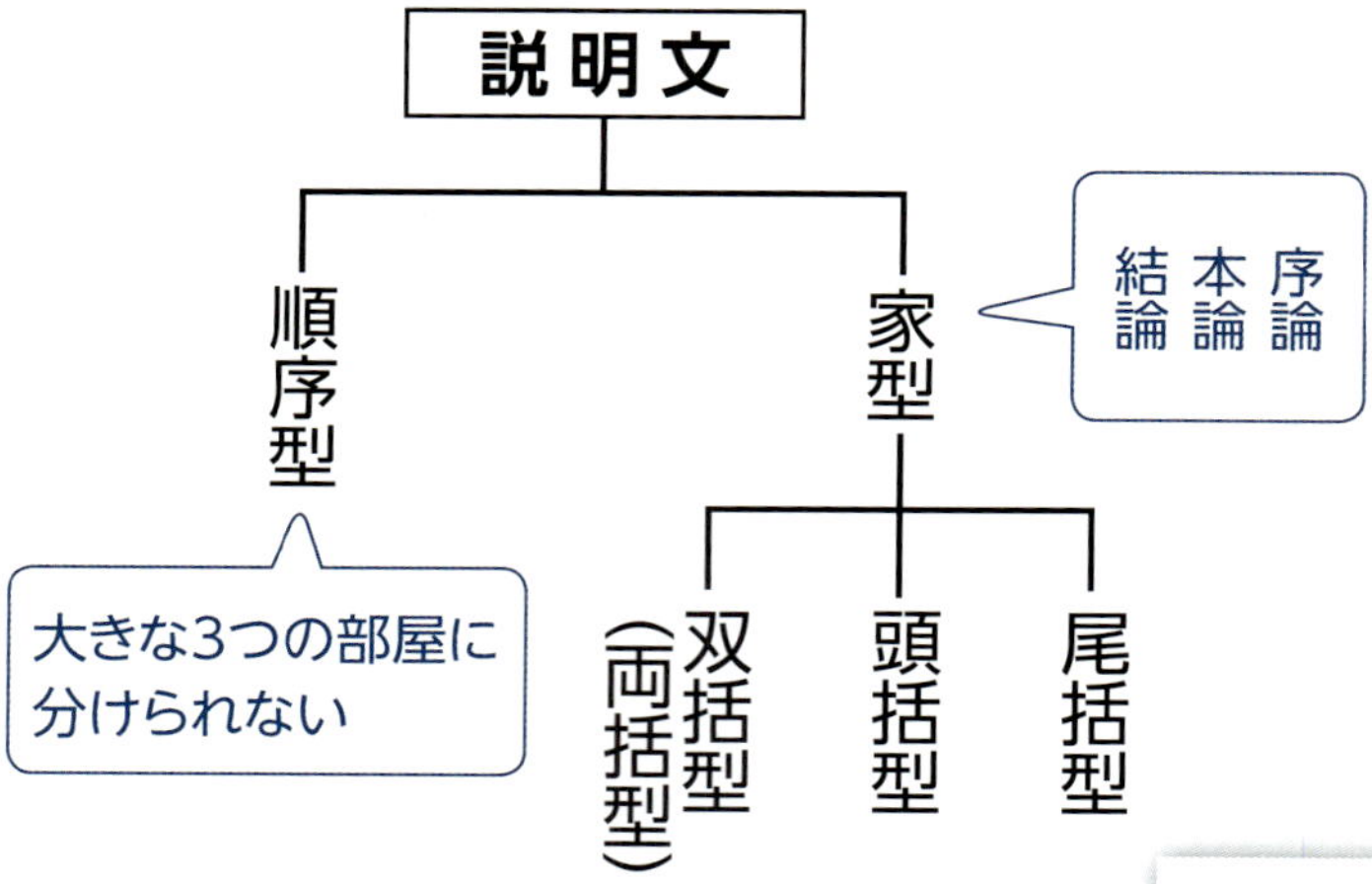

すを作るビーバー

⑯ダムができあがって、水がせき止められると、その内がわにみずうみができます。

⑰ビーバーは、そのみずうみのまん中に、すを作ります。

⑱すは、ダムと同じように、木と石とどろをつみ上げて作ります。それは、まるで、水の上にうかんだしまのようです。

⑲すの入り口は、水の中にあり、ビーバーのように、およぎの上手などうぶつでないと、けっしてすの中に入ることはできません。

⑳ビーバーがダムを作るのは、それで川の水をせき止めてみずうみを作り、そのみずうみの中に、てきにおそわれないあんぜんなすを作るためなのです。

（東京書籍『新しい国語』平成27年度　二年下）

『ビーバーの大工事』で家をつくろうとすると大混乱してしまう。なぜなら、この説明文は、序論・本論・結論というように分けにくいからだ。

尾括型、頭括型、双括型というのは、家型の説明文の基本形。『ビーバーの大工事』を家型で説明しようとすると混乱してしまう。

説明文には、もう一つの型「順序型」があることを教えなくてはならない。

この説明文は、ビーバーが、どのような手順でダムを作るのかが書いてある。

①まず大きな木を切り倒す。

②大きな木をかじって小さくする。

③川岸へ運ぶ　どんな川岸かというとダムを作る場所に運ぶ。

④水の中を泳いでダムを作る場所に運び、木片を川底に差し込む。

⑤重石をして固める。

⑥それを家族で何度も繰り返してダムを作る。ダムを作って終わりではなく、巣作りを始める。そして、巣作りもダムと同じように繰り返す。

巣が完成するまでの手順をしっかりと説明している説明文。そして、手順の補足説明がされている説明文である。

説明文の大きなジャンルは、一つは今までに見てきた「家型」の説明文、もう一つがこの「順序型」の説明文だ。

読みの構えをつくるときに、これは家型か、順序型かを教えるのは重要だ。そのうちに読みながら、これはどちらか、判断できるようになるといい。つまり、読みの構えを自分で決められたらいい。

ということは、両方の教材が必要だということであり、教科書はどこも、何らかのもので両方の型を入れているはずだ。

順序型の説明文で、読み取るべきは順序だ。それと、補足情報。手順とそのときどきの情報を区別したほうがいい。

手順に、そのときどきのおもしろい情報を入れ込みながら文章ができている。これが手順だけだとつまらない説明書、単なる取り扱い説明書になってしまう。

手順だけならそれでいいけど、文章化するにはやはりそれを書いてあるだけでなく、それぞれに情報を入れてあると、より読もうという気持ちにもなる。それが説明文だと思う。

こういうことを知ったうえで長文を読むと、子どもたちも挑もうとする。

基本的な学習を積んでおけば、長くても読めそうだ、という気になるのだ。

まとめ

◆意味段落を意識して読む

まず、家の絵を描き、題を屋根に書く。

何が書かれているかという意味のまとまりを意識して一読する。

◆三つの大部屋に分ける

題の意味を考え、序論・本論・結論に分ける。

◆大部屋の性格を考える

序論と結論の性格を検討し、まとめが書かれているところを探す。

序論の三つの性格

①話題の提示

②大きな問いの投げかけ

③はじめのまとめ

結論の三つの性格

❶終わりのまとめ

❷大きな問いの答え
❸筆者の考え・メッセージ

◆要旨をまとめる
　できるだけ一文で要旨をまとめる。

◆本論を小部屋に分けて名前をつける
　要旨を説明している本論を小部屋に分ける。
小部屋に書かれていることを読み直して名前をつける。
　第一段階：一単語でつける
第二段階：小部屋の名前を長くする
●兄弟姉妹のように
●重要語句を落とさない
●結論の内容を大切に

◆家型の説明文には尾括型、頭括型、双括型（両括型）がある。
◆家型ではなく、順序型の説明文もある。

教えて！二瓶ちゃん!! 1

筆者意識をもたせるとは？

A 最近、筆者の書き振りについての批評が見受けられます。全部を共有するという気持ちが育まれる前に、技術的に「これは正確でないから、読みづらいと思います」といった発言を聞くと、「まだ読み手として早いな」と、私は感じてしまうのですが…。

二瓶 「敬意をもって読もう」、「はじめから批判するために読む『読み方』はやめよう」というのが、説明文を読むときの基本。まずは「敬意をもって」読む。そのうえで「こうしたらいいんじゃないか?」といった改善点を出す。それが大事なんだ、と教えたい。

B 二瓶先生は、説明文では「もっと筆者意識をもたせたい」とおっしゃっていますね。

二瓶 「筆者意識」「書き手意識」をもたせたい。「あなたも筆者だ」「きみも筆者になり得るんだ」ということ。物語では、そういう教え方はしない。物語の書き手を育てるために、物語の読みを密接に関連づけて教えることはしない。文学的表現、情景描写は「読み方」としては教えるけれど、「書き方」は教えない。

ところが説明文は違う。子どもたちも筆者になり得るわけだ。

もし、あなたが書き手になったときに、批判的な読み方をされたら、どんなに悲しいか。だから「敬意を払え」というのは、自分自身の問題でもある。自分の書いたものを、黒板に貼られて「ちょっと変なところがあるねえ」と言われてごらん? 悲しいよ。まずは敬意を払って読むということが大事だ。筆者意識というのは、あなたの問題になるということだ。

表現者になったときに、転化できる読みの力を育てようということだ。作家を育てるために物語を学ぶのではない。でも、説明文の書き手を育てるために説明文の学習をすることはありだ。

C 説明文では、どんな教材研究をすればいいんですか? 型分けについては理解できましたが、型分け以外

ですが。

二瓶　では？　よく、入口・出口の検討といったことも聞きます。

二瓶　序論の書き振り、興味関心を引くために意図的に書くところ…冒頭の一文、序論の述べ方、それから最後の一文、筆者が意見を述べるところ、ジャンル分け…。筆者はそんなふうに最後の締めをやっているんだな、ということも、とても大事なことです。

入口・出口も一緒。ただ書き始めるな。ただで終わるなということ。子どもたちの作文指導で、「結びを大事に」「冒頭の一文が大事だ」ということも、説明文を使って教えられる。

B　環境問題の説明文なんかは、ポンと問題提起で始めることもあります。

C　「まほうのぬの『ふろしき』」の終わり方なども、子どもに教えやすいですよね。

二瓶　象徴的な言葉をあえて、突然出す技法。唐突だな、「魔法」とまで言うのか？と思うこともあるけれど、説明文を読んでいる人は「ほーっ」と、納得できる。どういう終わり方をしているのか、ということは書き手にとっては大事かもしれない。

D　『動物の体と気候』も説明の小部屋の書き振りに工夫が見られます。美しいんだけれど、最後は変化球、フォークボールで締めて、印象を残すという感じでしょうか。

E　高学年レベルは違いますが、中学年では身近なところから入っている説明文が多い。日常から教材に入って、教材の出口がどうなっているかも説明文では気になるところです。

二瓶　大事だね。説明文の一つの技だ。入口と出口、冒頭と結末、筆者は、相当気を使って書いている。どうやって入って、どのように終わるのか、を見てみるのもおもしろい。

説明文なら子どもが筆者になることもある。そういう読み方をしなければいけない。表現者になったときに、転化できる読みの力を身につけさせねばならない。だからこそ、説明文では、筆者意識、書き手意識をもたせることが必要なのです。

なるほど。説明文って、伝えるために
ちゃんと工夫して書いているんだね。

第2章　実践講座

「説明文」をどう教えるのか？

わかったつもりになってはいけない。
なんとなく読んでいてはつかめない。
「なるほど」と納得して受け取れたか？

二瓶学級◆『動物の体と気候』の授業実践載録

第一章でも紹介したように、私は、説明文で、次の三つの力を育みたいと思っている。

- 「伝えたいこと」を正確に納得して受け取る力
- 「伝えたいこと」の伝え方について、検討する力
- 「伝えたいこと」に対して自分の意見・感想をもつ力

その中でも、もっとも基本となる「『伝えたいこと』を正確に納得して受け取る力」を育む授業実践を紹介しよう。

学習材は、増井光子さんの『動物の体と気候』。五年生の教科書教材だが、私が受けもつ四年生の子どもたちと授業を行った。

二瓶学級の子どもたちは、『いろいろなふね』で「はじめの大部屋」「終わりの大部屋」の性格を考え、小部屋の名前つけを学び、説明文の美しい仕組みを知った。さらに、この授業の前に「序論」「本論」「結論」という新しい学習用語への切り替えを行っている。

『動物の体と気候』を学習材として、本時までに、「序論」「本論」「結論」の大きな三つの部屋に分け、本論を三つの小部屋に分けるところまでをおさえている。小部屋の名前を考え、さらに要旨を考えることを課題に前時を終えた。本時では、「序論」と「本論」の性格をおさえ、要旨をクラスで共有し、さらに「本論」の小部屋の検討を行うことで、筆者が伝えたいことを「なるほど」と納得して受け取るまでを誌上載録する。

授業開始にあたり、前時までの学びを板書。子どもたちには一枚プリントの再読を促す。

『動物の体と気候』

増井　光子

❶ 地球上には、暑くてかわいた砂《さ》ばく地帯もあれば、逆に、冬にはマイナス数十度にまで下がり、雪と氷にとざされてしまう所もある。そのような所にも、いろいろな動物たちが、それぞれの環境《かんきょう》に適応しながら生きている。

❷ 動物の体形と気候との間には、おもしろい関係がある。いっぱんに、寒い地方にすんでいるもののほうが、あたたかい地方にすんでいるものにくらべて、体が丸っこく、耳とか手足とかの体の出っ張り部分が少ないというけい向がみとめられることである。

❸ 寒い所で体温を一定にたもっていくためには、体内で生産した熱をできるだけ失わないようにしなければならない。同じ体積の体であっても、体の出っ張り部分が少なく、体形が球に近いほど体の表面積は小さくなる。体の表面積が小さいということは、外気と接する面積が小さいということであり、それだけ外気にうばわれる熱が少なくなる。体が丸っこいのは、寒い地方で生きていくのに、たいへん都合がよいことなのである。

❹ 実際《じっさい》に、寒い地方にすむホッキョクギツネは、丸くて小さい耳をしている。耳とか手足などの部分は、血管が体の表面近くにあるので、そこから熱がうばわれやすい。だから、耳が小さいことは、熱がうばわれて体温が下がるのを防ぐのに役立っている。

❺ 逆に、暑い砂ばくにすむ小さなイヌ科動物のフェネックは大きな耳を持っており、この耳は、そこから体熱を放散させて、体温が上がりすぎないようにするのに役立っている。

❻ 動物園関係者の間で、ゾウはかなり寒い所でもかえるが、キリンはむずかしいということがいわれる。それは経験から出た言葉であるが、先に述べたことと無関係ではない。ゾウの体つきは、どちらかといえば球形に近いし、キリンは足や首が長く、どう見ても寒地向きの体形ではない。

❼ また、寒い地方にすむ動物は、同じ種類の中では、あたたかい地方にすむものにくらべて体格が大きいといわれている。

❽ ニホンシカを例にとってみると、北海道のエゾシカ、本州のホンシュウシカ、四国、九州のキュウシュウシカ、屋久島《やくしま》のヤクシカと、北から南にいくにつれて体格が小さくなっていく。

❾ 体温を一定にたもっていくための熱の生産は、筋肉《きんにく》の活動によって行われる。体が大きく、筋肉が発達していればいるほど、熱量の生産が多くなる。体が大きいのは、熱量の必要な寒地の生活に適しているわけである。

❿ 寒冷地にすむ動物は、防寒用のすぐれた毛皮を身に着けている。

⓫ ニホンカモシカは、日本の山がく地帯にすんでいる。ニホンカモシカの冬毛は、実にりっぱである。体から直角に毛が立つように生えているのだ。カモシカたちは、雪がふっているのに、物かげにも入らず、雪にうもれてすわっているときがあるが、その毛を見ると、なるほど、寒さ知らずなのだろうと思う。

⓬ 毛によって、外気と皮ふの間に空気の層《そう》が作られ、外気の温度のえいきょうを直接受けないようになっているのである。

⓭ すぐれた毛皮を身に着けているのは、寒い地方にすむ動物だけではない。先に挙げたフェネックも、その体の表面は密生《みっせい》した毛におおわれている。寒い地方の動物の毛皮が防寒用であるのに対して、フェネックの毛皮は、強い太陽熱から身を守り、かんそうした空気によって、水分が体の表面からうばわれるのを防ぐ役目を果たしているのである。

⓮ 環境《かんきょう》に適応しながら生活を営んでいるのは、これまでに挙げたような動物にかぎらない。動物たちの体は、それぞれに、すんでいる場所の気候や風土に合うようにできているのである。それは、自然が長い年月をかけて作りあげてきた、最高のけっさくであるといえるだろう。

（東京書籍『新しい国語』平成27年度5年）

「なんとなく」の読みでは見えない

前の時間にやったこと。『動物の体と気候』の美しい仕組みをとらえるために、家で表しています。

土台に来るのは何ですか？

「要旨」

要旨はだいたいこうじゃないか？と一回みんなでまとめてみたよね。要旨ってそもそも何だ？　要旨の定義は？

「筆者が伝えたいことの事実…」

正確に言いなさい。

「筆者が伝えたい事実・意見の中心」

そうだね。筆者が伝えたい事実や意見の中心を要旨という。要旨は、序論・本論・結論の三つの大部屋をとらえ、その性格まで考えると、だいたい見える。序論・本論・結論の三つの大部屋でとらえて、そして序論の性格と結論の性格を考えてみると、どこにまとめ

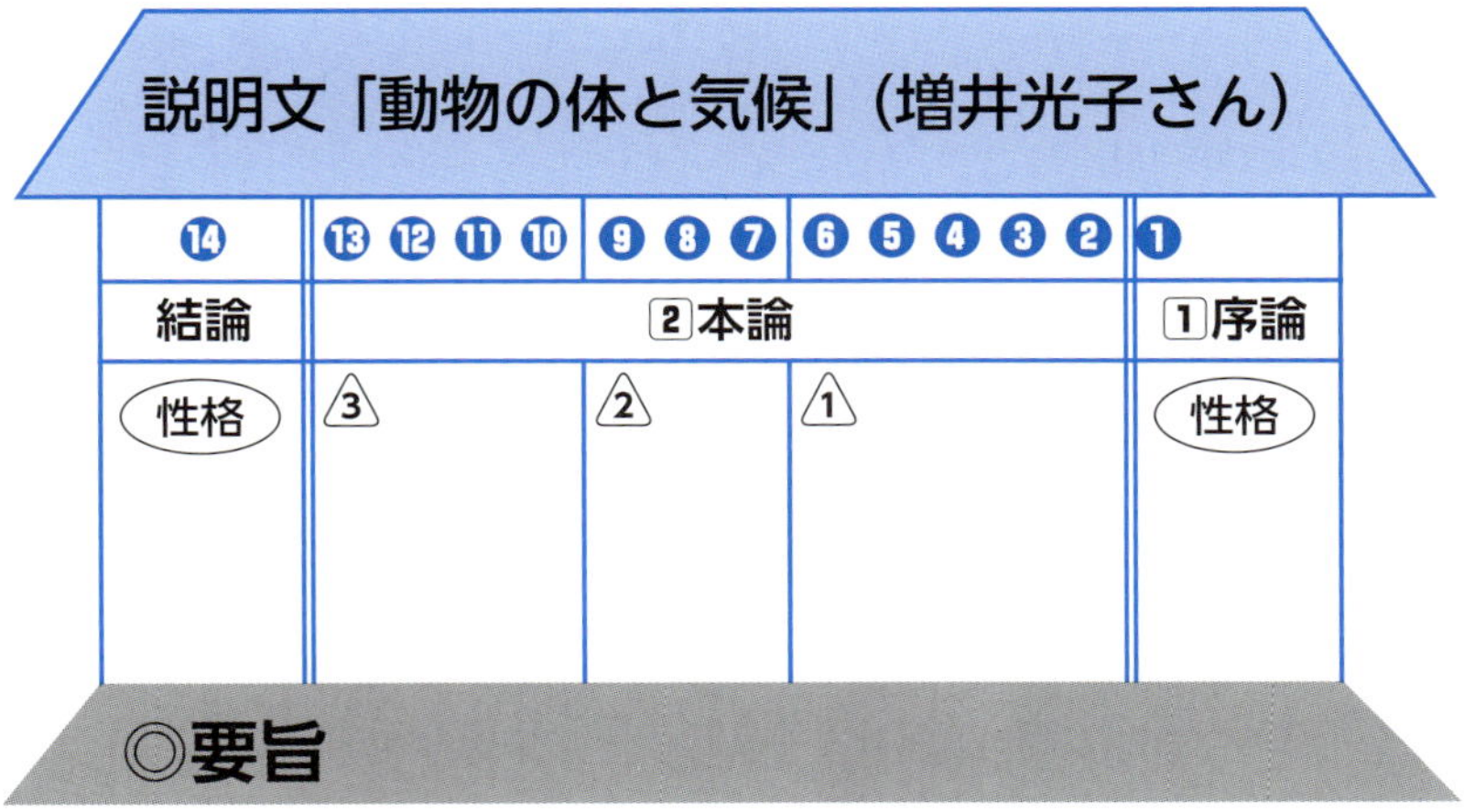

があるか、あるいは筆者の意見がどこに書いてあるかは、だいたいわかる。伝えたいことの中心と関係があるから要旨が見える。

では、序論の性格は？　結論の性格は？

ほぼ全員が挙手。数人の手が挙がらないのを見て、ペア対話を指示する。

「なんとなく」ではなくて、序論の性格は、結論の性格は、と文に戻り、言葉に戻って、ちょっとお隣とワイワイやってみよう。

1 参照

増井光子さんの『動物の体と気候』、序論は❶だけ、説明は❷から⓭、結論は⓮ということは考えられた。みんなそれで良しとした。

だとすれば、序論の性格は？と考える。三つのうちのどれか？

「えっと、『話題の提示』と『はじめのまとめ』」

「話題の提示」はわかるね。なぜ、「はじめのまとめ」の性格があると言えるの？「話題の提示」はあるだろう。でも、「はじめのまとめ」の性格があるというのはどういうこと？　どこから言える？

「❶段落に『そのような所にも、いろいろな動物たちが、それぞれの環境に適応

1 隣同士のペアで、互いに説明し合う時間を小刻みに取る。音声言語として発することで考えがまとまっていく。さらに相手に説明することで、自分の理解を確かなものにしていくことができる。

しながら生きている』と書いてあって、題にある『動物の体と気候』の気候の部分は書かれているけれど、題名にある動物の体に関しての文は書かれていないから、気候だけで考えれば『はじめのまとめ』はあるけれど、体のことが書いていないから、『はじめのまとめ』は△」

　ということでいいの？

「うん」

　「話題の提示」の性格はあるね。でも、「はじめのまとめ」か、というと、しっかりとしたまとめではない。もう一度言ってごらん。

なんで「はじめのまとめ」は△だと言ったの？

「❶段落、序論には話題の提示はあるけれど、『はじめのまとめ』が、気候のことだけ」

　もう少し詳しく言って。

2 参照

「題名には『動物の体と気候』と書いてあって、気候のことは書いてあるのに」

　どういうふうに？

2 参照

「『地球上には、暑くてかわいたさばく地帯もあれば、逆に、冬にはマイナス数十度にまで下がり、雪と氷に閉ざされてしまう所もある。そのような所にも、いろいろな動物たちが、それぞれの環境に適応しながら生きている』というように、気候のことは書いてあるけれど、この序論には体のことは一切書かれていないでしょ？　ちゃんとした『はじめのまとめ』ではないから△」

なるほど。

じゃあ、ちゃんとしたまとめはどこにあるんだろう。

「⓮段落の結論の、二文目の『動物たちの体は、それぞれに、すんでいる場所の気候や風土に合うようにできているのである』というところには、体も入っているし、『それぞれに、すんでいる場所の気候』と気候も入っているから」

だから、結論の性格は？

全員が声をそろえた。

「終わりのまとめ」

結論には「終わりのまとめ」の性格が、しっかりとあるということだね。「終わりのまとめ」に近いことを、序論でも「動物たちが、それぞれの環境に適応しながら生きている」と言っている。でもそれは、全部のまとめではなくて、ちゃんとしたまとめは結論に書いてある。

結論では「なぜ動物は適応しているのかというと、動物の体が環境に適応するようにできている」ところまで言っている。だから結論に書いてあることこそが「終わりのまとめ」

2 子どもの言葉は、テンポよく投げ返し、思考を深めさせる。常に「理由は」「どうしてそう思うのか？」を考えさせる。「なんとなく」ではなく、確かに納得して学習を積ませる。ちなみに発言はすべて着席のまま行わせている。

の性格だろう。

序論では「動物は環境に適応しながら生きている」と言っているけれど、「動物の体が環境に適応するようにできている」とは？

「言っていない」

だから「はじめのまとめ」の性格は△にしておこう。「終わりのまとめ」の性格はしっかりとある、と。

結論の性格はこれだけか？

「筆者の考え」

当然手を挙げるよな、それだけしか言わないと。

2 参照

「筆者の考えで、それは結論の三文目の『それは、自然が長い年月をかけて作りあげてきた、最高のけっさくであるといえるだろう』というところが筆者の考え」

結論の二文目「動物たちの体は、それぞれに、すんでいる場所の気候や風土に合うようにできているのである」は事実。三文目「それは、自然が長い年月をかけて作りあげてきた、最高のけっさくであるといえるだろう」は、プラスそれに対する筆者の意見・考えを言っている。

序論の性格と結論の性格をこのように考えてみれば、筆者の伝えたい中心はこうだ、というのは見えてくるよね。中心だから短くまとめると、「要旨は…」と言えるでしょ？　この説明文で増井さんの伝えたいことは何だ？

「動物たちの体は、それぞれに住んでいる…」

何文だ？

「二文。『動物たちの体は、それぞれのすんでいる環境に…』」

「『すんでいる環境』は回りくどいよ」

「『環境に適応している』でいいんじゃない？」

「えー、『動物たちの体は』だから、『環境に適応するようにできている』がいい」

二文目は？

「『それは、自然がつくった最高のけっさくである』になる」

要旨は、筆者の伝えたい事実や意見の中心だから、この場合は、事実と意見両方が伝えたいことだ。

事実としては？

「動物たちの体は、それぞれの環境に適応するようにできている」

そしてプラス意見としては？

「それは、自然がつくった最高のけっさくである」

ということを、読む人に伝えたいんだな。わかってほしいのね？　事実プラス意見を。

ここまでくれば読めたと言えるよ。増井さんの伝えたいことはわかったから。もしテストで『動物の体と気候』で筆者の増井さんがいちばん伝えたいことはなんですか？　次のア、イ、ウから選びなさい」という問題があったら、みんな選べるでしょ？

「選べる」

まちがわないでしょ？　だいたいここまでくれば。

「うん」

ただ、大切なことは、伝えたいこと、要旨を「なるほどな」と納得してわかっているかどうか。「なるほど。確かにそうだね、増井さん」と思って、要旨を受け取っているかどうかだ。そのためには、❷～⓭の広い本論の大部屋で、増井さんはどのように説明しているか、ということを詳しく読む必要があるということだ。

いいかい？　もう一回言うと、テストだったらできるんだよ。なんとなくわかったから。だけど、「なるほどな」と納得してまだわかっていないでしょ？

「なるほど、確かにそうだわ。動物の体って環境に適応するようにできているわ」「増井さんが言うように、自然がつくり上げた最高けっさくだ。なるほど、確かに最高けっさくだと言えるかもしれないな」と納得して増井さんの言うことを受け取ってはいない。だから、本論を詳しく読まなきゃいけないんだよ。「なるほどな」と思うために。

3 参照

3 大切なことは繰り返し強調する。子どもの理解はゆっくりだ。だからといってあきらめてはいけない。わからなければ教えればいい。忘れていれば思い出させればいいのだ。

「なんとなく」の読みから「詳しい」読みへ

詳しく読むために、大事なことは？　小部屋で考えてみる。そして小部屋の名前もつけてみよう。小部屋の名前をつけるときの注意は？　ポイント三つあるんだよな。

「兄弟姉妹のように」

あと二つ。

「重要語句を見逃すな」

あと一つ。

「終わりの大部屋を大切に」

そうだね。いまだったら「結論を大切にしよう」ということだね。

どうして「結論の大部屋を大切にして考えろ」と言っていると思う？

「結論にはまとめも書いてあるし、考えも書いてあるから。それもちゃんと考えながら名前をつけないといけない」

「まとめにどんなことが書いてあるか、その中に混じっているキーワードとかを使うといい」

結論というのは、終わりのまとめをしたり、筆者の考えをズバリ書いたり、もう一つあったよね。

「大きな問いの答え」

そう。大きな問いに対する答えが書かれている場合もある。結論には大事なことが書いてあるはずだ。だから、この小部屋の名前を考えるときも、結論の大部屋に書かれていることは大事にしながら名前を考えろということ。終わりの大部屋を大切に、というのはそ

ういう意味だよ。

ただ、この『動物の体と気候』の場合には、「結論の大部屋を大切に、名前を考えよう」では弱いでしょ？　終わりの大部屋だけ大切にしていいのか？

もう一つどこだ？

「序論」

そうなんだね。序論も大切にしなくてはいけない。どうしてかわかる？

「『はじめのまとめ』の性格がある、とさっきやったから」

「はじめのまとめ」に書いてある言葉も使えないか？　と合わせて考えてみるといい。前の時間に名前を考えてみたよね。

最初は、どんな名前だった？

「１は『体の形』という名前」

２の小部屋は？

「『体の大きさ』という名前」

３の小部屋は？

「『体の毛』という名前」

最初はこの名前を考えたんだね。何でこの名前を考えているかというと、それぞれの小部屋で、何を説明しているかを正確に受け取るためでしょ?!　筆者は、要旨を「なるほどな」とわかってもらうために小部屋で説明しているんでしょ?!

「『体の形』を説明して、『体の大きさ』を説明して、『体の毛』を説明して、要旨を伝えようとしている」というには、この名前だけだと、ちょっと離れていないか？

名前をもう少し長くしよう。兄弟姉妹のように名前を変えられないか？「兄弟姉妹のように」「重要語句を見逃さず」「結論プラス序論の大部屋を大切に」変えてみよう。隣とちょっとワイワイタイム。

4 参照

はい、やめ。兄弟姉妹のように三つの小部屋の名前を新しくしよう。できた人。

「一つ目は『体の形と気候の関係』の小部屋
二つ目は『体の大きさと気候の関係』の小部屋
三つ目は『体の毛と気候の関係』の小部屋」

気候でいいですか？

「はい」

えー？　ほかによい言葉はないか？

「うーん」

なぜ気候にした？　なぜ気候にするの？

「題にも書いてあるから」

「題が『動物の体と気候』だから」

題だけか？

「⓮段落にも気候って書いてあって」

気候だけか？

4 ペア対話の様子を見て、子どもの理解度を確認する。隣の子どもとのペア対話は１分程度で、授業中、小刻みに取り入れる。30 秒から１分程度の短い時間で区切り、さっと全体に切り替える。

「あ、あと風土」

「気候と風土」って言っているよね。題名に「気候」とあるから気候。ただし、要旨をまとめてみると、結論を「終わりのまとめ」と見ると、「気候」より、何かないか？

「環境！」

「気候とか風土とかも環境の中に入るでしょ、環境と言ったほうが気候よりも大きくなるから、環境のほうがいい」

どこから言っている？

「⓮段落に『すんでいる場所の気候や風土に合うようにできているのである』と書いてあるから。気候や風土で、気候だけでは弱いと思うから、環境がいいと思う」

環境はどこからもってきた？

「まず序論の、△だけど『はじめのまとめ』にある『環境に適応しながら生きている』の環境。⓮段落のはじめにもあるし、『それぞれに、すんでいる場所の気候や風土に合うようにできている』も環境のこと」

なるほど。「はじめのまとめ」があり、「終わりのまとめ」があるんじゃないか、ということで読み比べてみると、序論の「はじめのまとめ」には「環境」という言葉が出てくる。「終わりのまとめ」では「気候と風土」と言っているが、これは環境ということだ。だから、要旨では、「それぞれの環境に合うようにできている」というふうにまとめたわけだ。気候よりは環境のほうがよりよいみたいだね。

えー、すると、この題名。『動物の体と気候』じゃなくて、『動物の体と環境』のほうがよ

くないか？

「題名としてはいい」

題名としてはいいの？　どういうこと？

「環境より気候のほうがわかりやすい」

そうだね。まず読む人がわかりやすい。題名では気候と言っているが、気候と風土と言っているから、環境のことを言っているのかな。増井さんに聞いてみたいよね。

説明を拾うことで、要旨の納得が深まる

さて、この小部屋❷〜❻では、「体の形と環境の関係」について説明している。そのことが「終わりのまとめ」の「動物の体はそれぞれの環境に適応するようにできている」というまとめにつながっている。

❼〜❾の小部屋では「体の大きさと環境の関係」について説明していて、「終わりのまとめ」で「動物の体はそれぞれの環境に適応するようにできている」というまとめにつながっている。

❿〜⓭の小部屋では「体の毛と環境の関係」について説明していて、「終わりのまとめ」で「動物の体はそれぞれの環境に適応するようにできている」というまとめにつながっている。

だから、要旨は「動物たちの体は、それぞれの環境に適応するようにできている」なんだね。なるほど、「形も大きさも毛も環境に適応するようにできているのか」ということがわかると、ますます要旨が最初よりは「なるほどな」と思えるよね。ただ、まだ説明の大部屋の中の小部屋をしっかり読んでいない。まだ小部屋の名前レベルの理解でしょ。

5　子どもの反応によって、揺さぶりをかける。わざと反対のことを言ってみると、子どもは「言いたくてたまらない」気持ちになり、挙手の数も増える。

そこで「じゃあ、❷〜❻の小部屋で『体の形と環境の関係』について、どういう説明をしているのだろう」と詳しく読んでみればいい。この❷〜❻の五つの段落がどのようなことを説明しているのかを読んでみればいい。

柱の段落がある。つまり、伝えたいことをズバリ説明している柱の段落がある。①の小部屋で柱の段落は❷〜❻のどれだ？

ほぼ全員が挙手。何人かの手が挙がらないのを確認して、再度問いなおす。

いいか、❷〜❻は、ただなんとなく書いたのではなくて、ちゃんと小部屋の中に、最も中心となる柱の段落を筆者はわざわざつくって書いているよ。そこが伝えたいことの中心だ。つまり小部屋の中心だ。その段落はどれだ。

「❷段落」

❷段落こそは柱の段落である。何を伝えたいんだ？　この柱の段落で。

「寒い地方にすんでいるもののほうが、あたたかい地方にすんでいるものに比べて、体が丸っこく、耳とか手足とかの体の出っぱり部分が少ないというけい向がみとめられる」

なるほど。それが伝えたいことの中心。❷段落で伝えたいことをズバリと言っている。だったら、❸、❹、❺、❻の段落は無くてもいいんじゃない？

5 参照

それだけ言えばいいじゃん。「動物の体の形は環境と関係があるよ」と言っているんでしょ？　それなら、もういいんじゃないの？　でもわざわざ❸、❹、❺、❻の段落を書いて

いるというのは、意味がある、役目があるはずだ。

「❸段落は柱の説明で、❹、❺、❻が具体例」

それで終わり？

「つけたしで、❹、❺が具体例の1で❻が具体例の2」

「❹、❺のほうの具体例は、耳のことについて。暑いのと寒いのとを例にとって耳のことについて話していて、❻はまた❹、❺とは違って、動物園関係者の間でのことを具体例にして説明している」

なるほど。具体例は二つの固まり。❹、❺で一つ、❻で一つだね。具体例として挙げている動物は？

「具体例1は、寒い地方がホッキョクギツネで、暑い地方がフェネック」

「具体例2では、ゾウとキリン」

△2の小部屋では三つの段落を使っているね。小部屋で伝えたいことの中心、柱段落はどれ？

基本的には、柱の段落があって説明の段落、具体例の段落があると考えるといいよ。相談

5 参照

6 子どもたちの中に「言いたくてたまらない」気持ちが高まっているのを見て、ペア対話を促した。ここでも、「なんとなく」ではなく、もとの文章に戻って、論理的に考えることを指示する。

しなさい。ペア対話どうぞ。

一気に話し始める子どもたち。

ちょっと待って！　きみたちの悪い癖は、もとの文を読まないでワイワイ始めること。もとの文をよく読んで、ワイワイしなさい！

はいどうぞ。

6 参照

よしやめ！　柱の段落はどれだ？　柱の段落、小部屋の中心となる段落は⑦⑧⑨のうち、どれになる？

もっと言うと、小部屋の伝えたいことはどれ？　読んでみよう。

7 参照

⑦また、寒い地方にすむ動物は、同じ種類の中では、あたたかい地方にすむものにくらべて体格が大きいといわれている。

⑧ニホンシカを例にとってみると、北海道のエゾシカ、本州のホンシュウシカ、四国、九州のキュウシュウシカ、屋久島のヤクシカと、北から南にいくにつれて体格が小さ

7　⑦段落、⑧段落、⑨段落を段落交代で音読させる。授業中、挙手のできない子も、音読の場面では手を挙げるように、日頃から指導する。段落交代で読む際には、まだ発言していない子、新たに手を挙げた子を指名し、自信をつけさせる手段としても使う。

くなっていく。

❾体温を一定にたもっていくための熱の生産は、筋肉の活動によって行われる。体が大きく、筋肉が発達していればいるほど、熱量の生産が多くなる。体が大きいのは、熱量の必要な寒地の生活に適しているわけである。

なるほど、三つしかないから、わかりやすいよね。中心となる柱の段落は？　一斉に言おう。

「❼」

❼段落で言いたいことは？

「寒い地方にすむ動物は、同じ種類の中では、あたたかい地方にすむものに比べて体格が大きい」

そうだね。つまり、体の大きさと環境には関係があるということだね。寒い地方にすむ動物は体の大きさが？

「大きい」

温かい地方にすむ動物は？

「小さい」

ということを伝えたい小部屋で、柱は❼。最初に言っているんだね。

なんだ、一つ目の△1の小部屋と同じだね。最初が柱で、次に説明をして、具体例を述べているということだね。

8 参照

8 なんとなく納得する雰囲気が広がりかけたので、あえて揺さぶる。授業中、締まらない空気が流れることを、小刻みな揺さぶりで回避。子どもの学習意欲を喚起する。

「違う！」

違う？　どういうふうに違うんだ。

「❽が具体例で、❾が説明」

え？　もう少しわかりやすく、書いてあることをもとに理由を話して。

「❽段落は、『ニホンシカを例にとってみると』と書いてあるから具体例で、❾のほうは、寒い地方のニホンシカは暖かい地方のニホンシカに比べてなぜ体が大きいかということを説明しているから」

逆なんだね。順番は逆だけれども、まず伝えたい事実を言っておいて、つぎに具体例を挙げて、なんだっけ？　シカか？

「ニホンシカ！」

ニホンシカを例にして、北から南まで、つまり寒いほうから暑いほうまで具体例としてその大きさが環境とどう関係しているかを述べている。

なんだっけ？　寒いほうは？

体の大きさが？

「でかい！」

「大きい！」

暑いほう、暖かいほうは？

「小さい！」

その前の柱段落で「体の大きさと関係があるよ」と言っていたもんね。問題は、じゃあ、どうしてそんなふうに体の大きさが違うのか。どうして寒いほうは大きくて、暖かいほうは小さいのか、という説明が❾でなされているんだね。

なぜだ？　なんでそんなに大きさが違うんだ？

教えてよ。段落❾はすごく大事。どうしてよ。

「体が大きいと、筋肉の活動がすごく多くなるから、その分、熱の生産が多くなる」

なるほど。だから？

「だから、筋肉が発達していれば熱が多くなるから、寒いところでも生きていける」

なるほど、体がでっかいと熱をつくれるから、体がでっかいと寒いところでも生きていけるんだな。

「二瓶ちゃんだ！」

そうだ、二瓶ちゃんは寒いところでも生きていける（笑）。

「ハハハ」

でも、太っていると、暑いところでは辛いんだよ！　熱が出るから。

さて、問題はこれだ。小部屋の三つ目は段落が四つだよ。これは「体の毛と環境の関係」。もうわかるだろうけど、「体の毛は環境に適応するようにある」ってことだ。そう説明しているはず。ワイワイタイムどうぞ。

よっしゃ、言ってみよう。❿から⓭まで、この小部屋の中で伝えたいことの中心となる段落はどれだ？　一斉に言うよ。

9 授業も終盤に入り、ほとんどが挙手。ただし、手を挙げない子が数人残っているのを見て「まだ声を出していない人、もったいないぞ」と声をかける。

「⑩！」

ちょっと読んでみよう。⑩⑪⑫⑬を読んでみるよ。何度も言うけれど、なんとなくわかったつもりで読んではだめなんだ。言葉に戻り、文を読め。そして、もう一回しっかり考え直してみよう。勘で言ってはいけないよ。読んでみよう。段落交代。

9 参照

---

⑩ 寒冷地にすむ動物は、防寒用のすぐれた毛皮を身に着けている。

なるほど、⑩が柱の段落。⑪から⑬はどうか、楽しみだな。

---

⑪ ニホンカモシカは、日本の山がく地帯にすんでいる。ニホンカモシカの冬毛は、実にりっぱである。体から直角に毛が立つように生えているのだ。カモシカたちは、雪がふっているのに、物かげにも入らず、雪にうもれてすわっているときがあるが、その毛を見ると、なるほど、寒さ知らずなのだろうと思う。

なんだ？　この段落は？　ニホンカモシカを？

「例にしている」

ニホンカモシカを例にして何をわかってほしいんだ？

「⑩の伝えたいことの中心」

なるほど。

「具体例」

そうか、具体例か。⑫は？

⑫毛によって、外気と皮ふの間に空気の層が作られ、外気の温度のえいきょうを直接受けないようになっているのである。

---

⑫は何だ？

「説明」

なるほどね。じゃあ⑬はなんだ？ 伝えたいことの中心、柱の段落が⑩で、⑪はニホンカモシカを例にしているね。そして⑫で⑪の説明をしている。⑬はなんだ？ 読んでみようか。

---

⑬すぐれた毛皮を身に着けているのは、寒い地方にすむ動物だけではない。先に挙げたフェネックも、その体の表面は密生した毛におおわれている。寒い地方の動物の毛皮が防寒用であるのに対して、フェネックの毛皮は、強い太陽熱から身を守り、かんそうした空気によって、水分が体の表面からうばわれるのを防ぐ役目を果たしているのである。

---

⑬は何だよ。

「具体例」

ああ、フェネックを出した具体例ね？

伝えたいことの中心はなんだっけ？ 段落⑩にあると言ったね。何を伝えたい小部屋だ？ 柱が⑩だとすれば。

「寒冷地にすむ動物は、防寒用のすぐれた毛皮を身に着けている」

つまり、寒いところの動物は防寒用のすぐれた毛皮を身に着けている、ってことを言っているよね。

「あ、暑いところは？」
おい、本当に柱は⑩だけか？　もう一回読んで、ワイワイタイム。

初発の要旨から、まとめの要旨へ

何を言いたい？　柱は⑩だけでいいか？

「いや！」

えー、さっきはみんなで⑩って言ったじゃないか？　言いたいことがあれば言ってみよう。

「柱が⑩だけだと、寒い地方にすむ動物だけがすぐれた毛皮をもっていることになるけれど、⑬が具体例だとしたら、暑い地方にすむ動物のことが書いていないから、⑬も柱」

「⑬は柱だけど具体例」

「えー？」

後のほうはおいといて。まず⑩はまちがいなく柱、これはいい？

「絶対、柱！」

だけど、⑩の柱は、体の毛と環境の？

「寒い地方の柱」
⑩は寒いほうだけなんだな？　これだけだと、体の毛と環境の関係だとはいえない。寒いほうはいいけど。
「暑いほうは⑬」
⑬も柱なのか？
「⑩と⑬で、寒いほう、暑いほう、それぞれに優れた毛皮をもっていると言っている」

⓫は？　⓬は？　隣同士で確かめよう。

「⓫は具体例。寒い地方にすむ⓾の具体例」

⓬は？

「⓬は説明」

⓫で挙げている具体例は？

「ニホンカモシカ」

⓬でその説明をしている。寒いところの動物はなんでいいの？

「毛によって、外気と皮ふの間に空気の層がつくられ、外気の温度のえいきょうを直接受けない」

だから立派な毛皮をもっている。これだけで終わっていいんだけど、でもそれだけだと、暑いほうはどうよ、ということになるよね。

いままでは？

「柱で二つとも言ってた！」

そうだね。暑いほう、寒いほうの両方を、一つの柱で言っていた。具体例でも、⓾では？

「分けている」

分けているんだね。小部屋の説明の仕方を変えている。段落⓾は、まず寒いほうにいる動物はすぐれた毛皮の毛をもっている。⓫段落、例えば、ということでニホンカモシカを例に挙げて、⓬段落で「どうしてか」と説明をしている。これだけだと、寒いほうはわかったよ、でも、暑いほうの体の毛と環境はどうなの？　と言わないと、読む人に伝わらない。だから、⓭をつけて「暑いほうでも毛があってね」と言って、環境に適していることを説明している。これでいいな？

「うん」

本当か？　これで「うん、わかった」と言ってしまってはまだ読めていないだろう。⓭は柱だけでいいか？

「だから、柱もあるけど…」

「はい！」

「あー、だから！」

何を言いたい？　さあ、ワイワイタイム。

ワイワイタイム（１分）

よっしゃ。何か言いたい人。

ほとんどが挙手、ただし、まだ挙げない子もいる。

いいか？　⓭段落は柱の段落で終わっては？

「だめ！」

柱の段落だけではだめだね。それでは、まだ読んでいるとは言えない。うん？　何が言いたいんだ。

「⓭段落の『すぐれた毛皮を身に着けているのは、寒い地方にすむ動物だけではない』というところが柱で、その後にフェネックの例を出しているから、具体例」

なるほど。⓭段落は、柱でもあるし、具体例でもあるんだな。いいね、これで。

「はい！」

つまり、柱プラス具体例の段落である。

これでいいですね？

10 参照

多くの「はい」に混じって「え？」という声が聞こえる。

まだ、文句がある人？　⓭段落は柱プラス具体例の二つをもっているんだろう？何か言いたいの？

「説明は？」

どこに、どういうふうに？

「『フェネックの毛皮は、強い太陽熱から身を守り、かんそうした空気によって、水分が体の表面からうばわれるのを防ぐ役目を果たしている』とあるから」

それは、まさしく？

「説明！」

ということは、⓭段落は一つの段落で？

「全部だ！」

柱・具体例・説明の全部をまとめているんだね。

「うん、ぎゅっとつめちゃってる」

ぎゅっとつめているんだな。もし、長くしようと思えば、⓭段落を三個に分ければいいね。

「うん、⓰段落まで」

え？　⓰段落か？

10 再三揺さぶる。子どもは何度も飛んでくるジャブをかわしながら、休む暇なく、頭をフル回転させながらついてくる。

「うん、⑬が柱、⑭が具体例、⑮が説明で、⑯で結論」

なるほど、ちょっと長くなるけど、わかりやすいかもしれないな。でも、筆者は、同じ小部屋で説明していることは一緒。柱があって、具体例を挙げて、説明しているというのは一緒。だけど、その書き方を少しずつ変えている。同じにするとなんか単純で…

「つまんない」

読んでいてあきるかもしれないね。

「というか、すぐにわかっちゃう。『いろいろなふね』みたいに」

あれは一年生の説明文だから、わかりやすかったよね。よく読むと「なるほどな」と思うのは、考えて説明しているからだ。同じ伝えるにしても、ただなんとなく繰り返すのではなくて、工夫しているわけだな。それぞれの小部屋に、兄弟のように名前をつけてみると、小部屋の中身が見えてくる。よく読むと、増井さんが相当苦労して書いたのがわかる。

「最初同じように書いたのかも」

そうかも知れんね。書き直したり、工夫したんだろうね。だから、要旨は、「動物たちの体は、それぞれの環境に適応するようにできている」。適応できるようにできていると、思うよなあ。「それは、自然がつくった最高のけっさくである」と言えないか？

「言える！」

最初読むと、なんとなく要旨はわかって、テストだと○をもらえるかもしれないけど、まだ本当に納得して受け取ったとは言えない。しっかり読み取って、「なるほどなと、要旨を受け止めることができたよ、納得したよ」というのが説明文を読めたということです。ではこれで授業を終わります。

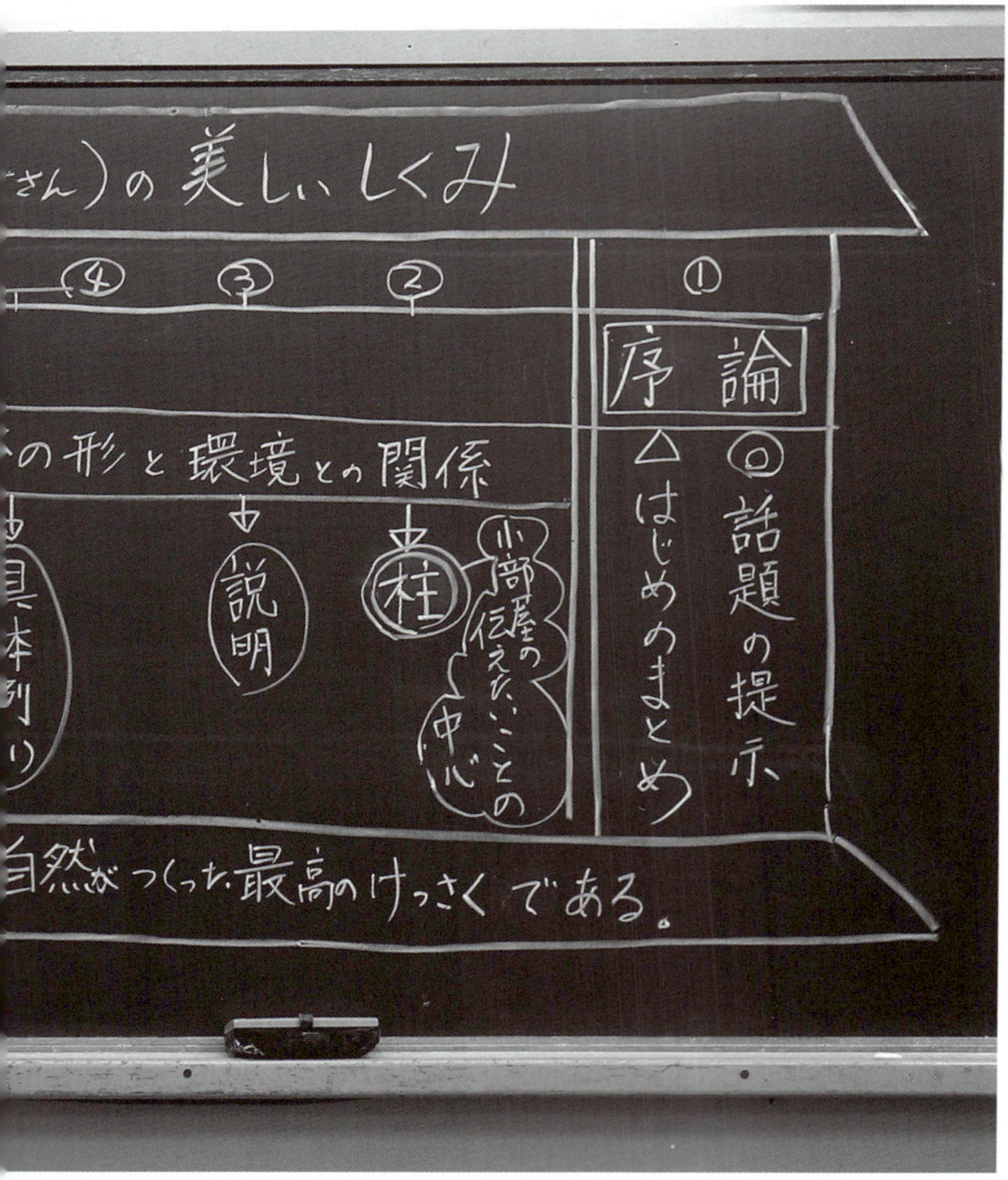

初発に受け取った要旨では、
筆者の言いたいことをまだ納得して受け取っていない。
説明を一つひとつたどっていくことで、結果として要旨を
「なるほどな」と、納得して受け止めることができる。
仕組みをとらえる、詳しい読みが必要だ。

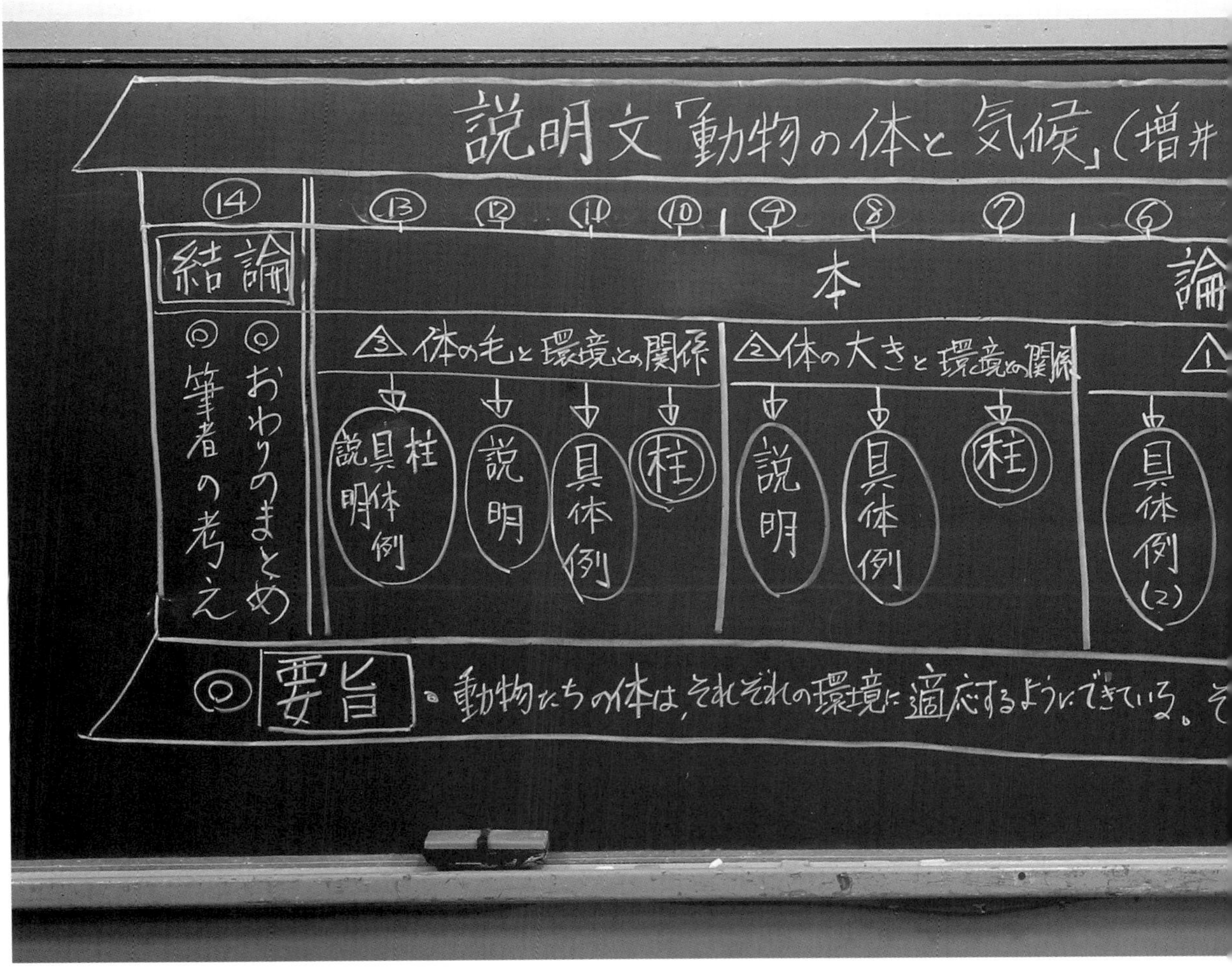
説明文「動物の体と気候」（増井
⑭
⑬ ⑫ ⑪ ⑩ ⑨ ⑧ ⑦ ⑥
結論
本
論
◎おわりのまとめ
◎筆者の考え
△3 体の毛と環境との関係
△2 体の大きさと環境との関係
△1
柱 具体例 説明
説明
具体例
柱
説明
具体例
柱
具体例（2）
◎ 要旨 ◦動物たちの体は、それぞれの環境に適応するようにできている。そ

資料

「動物の体と気候」の学習のあと、画用紙に清書した「美しいしくみ」。

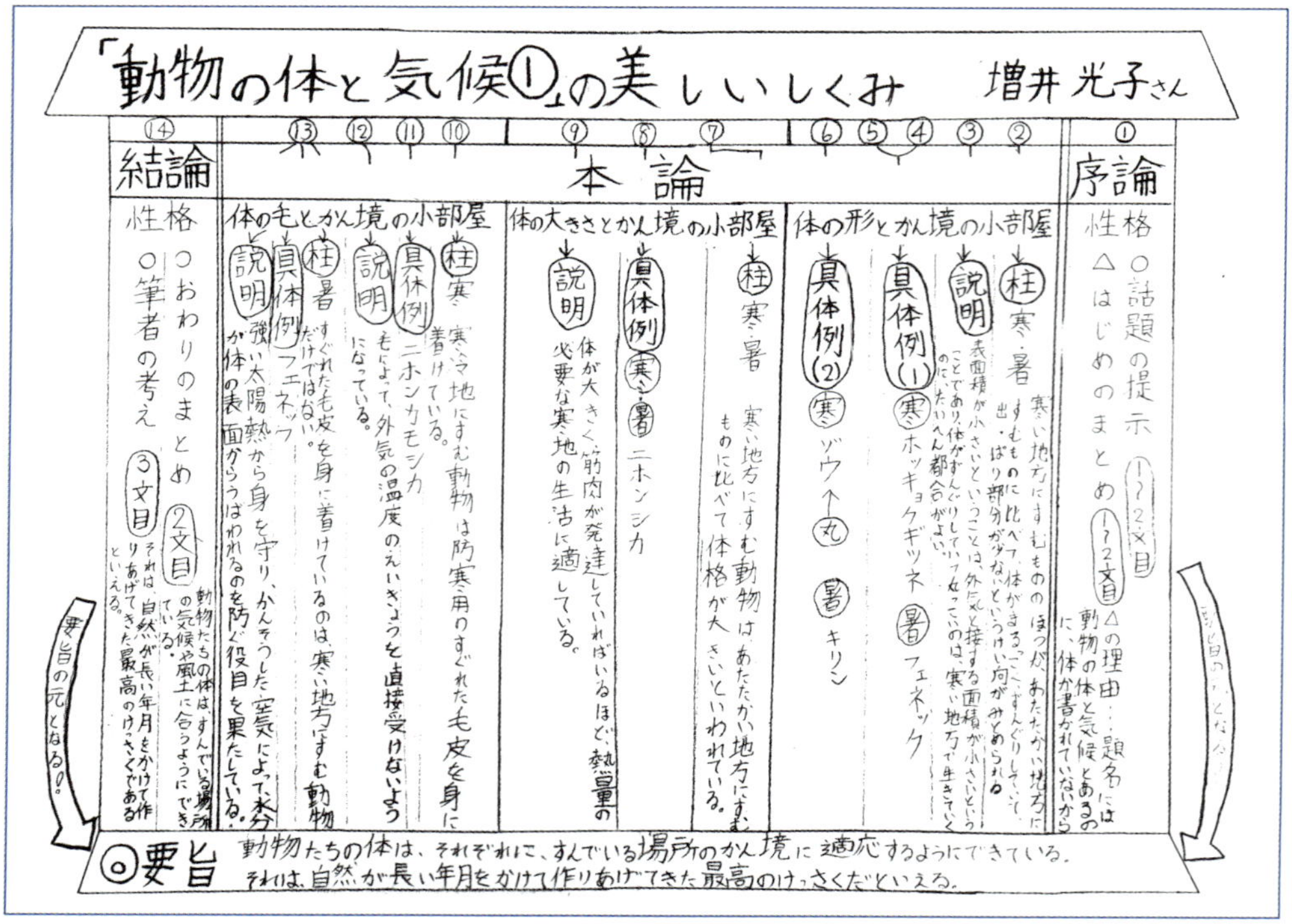

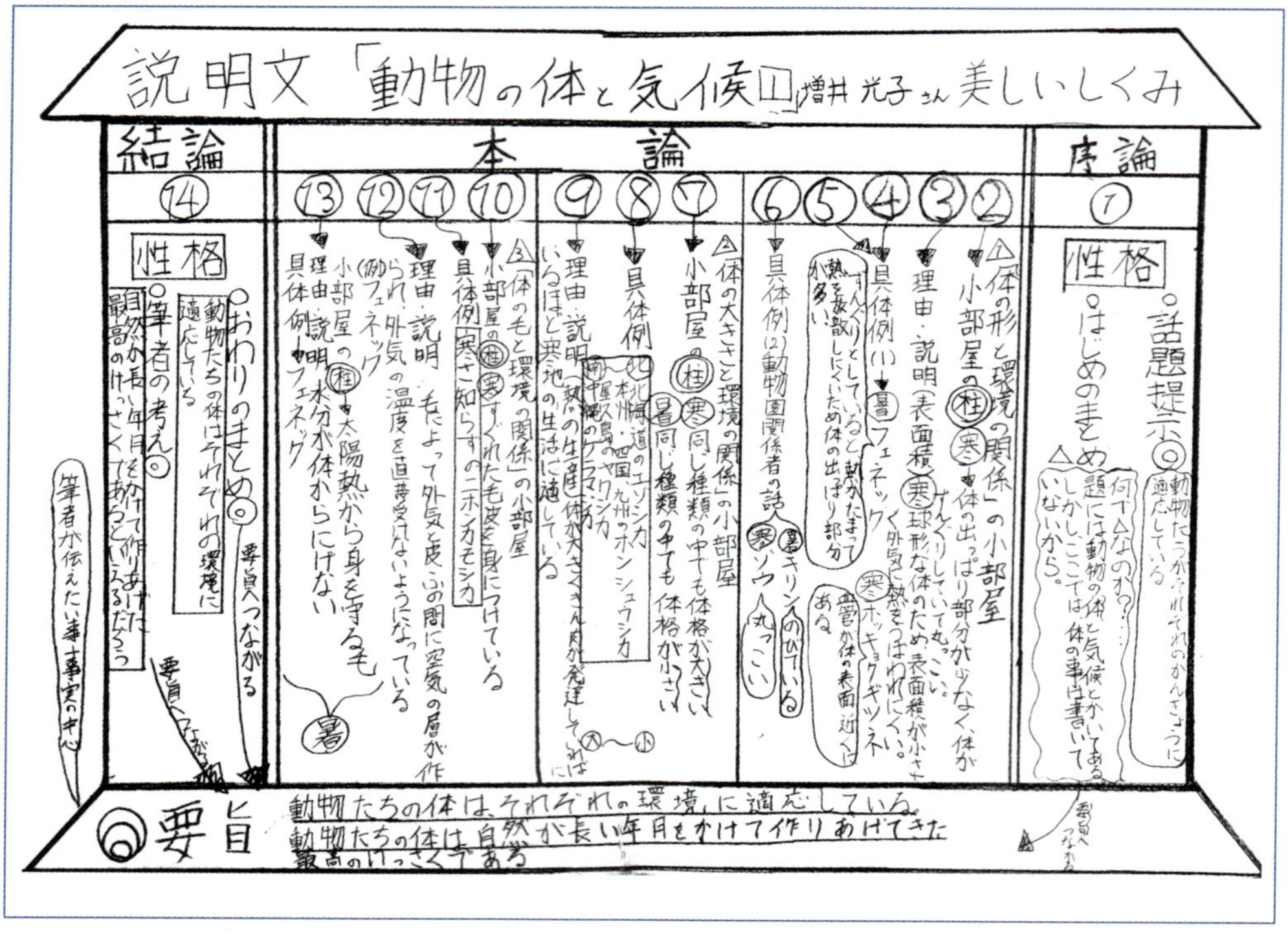

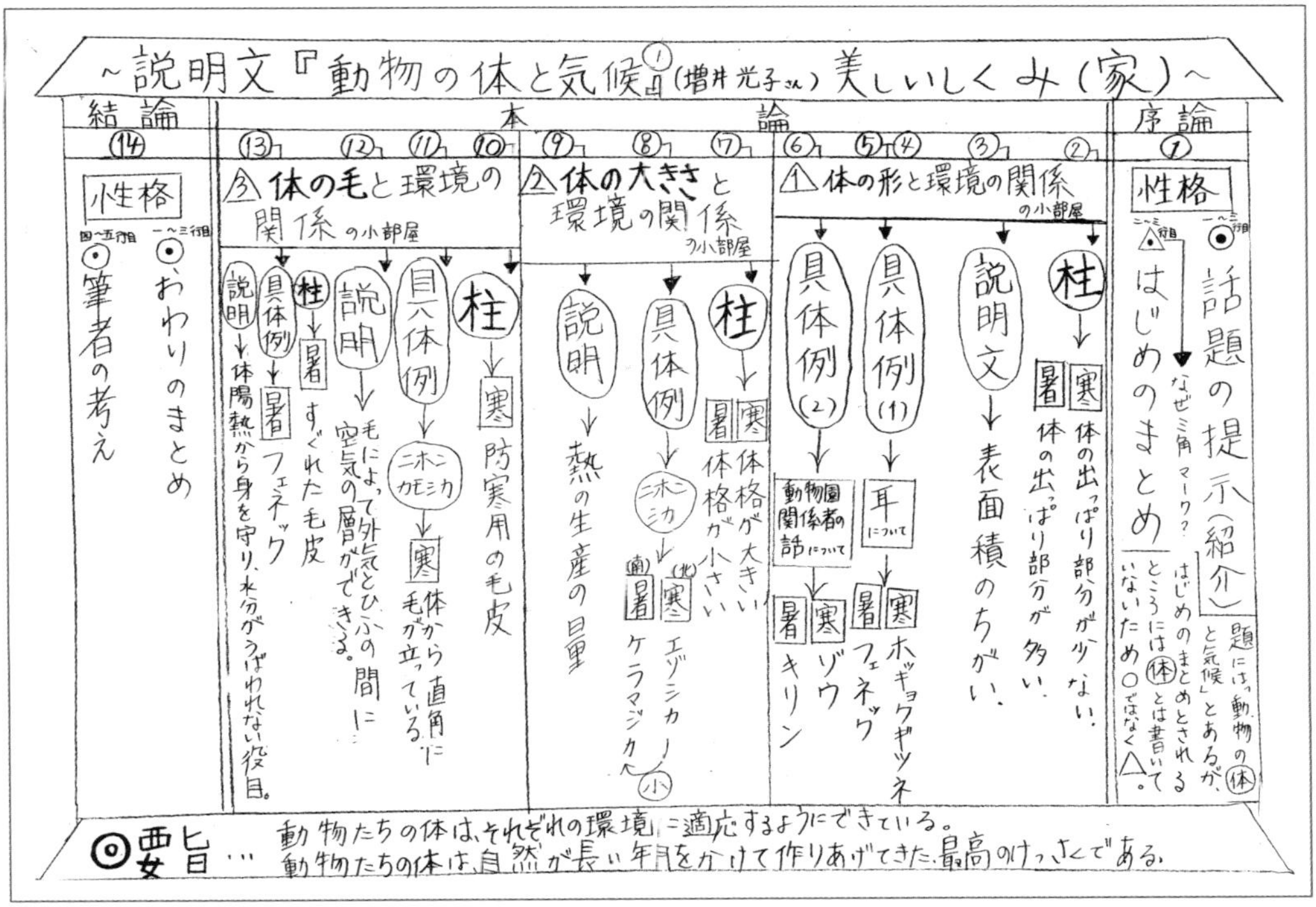
～説明文『動物の体と気候』(増井光子さん) 美しいしくみ(家)～
結論
本論
序論
△3 体の毛と環境の関係 の小部屋
△2 体の大きさと環境の関係 の小部屋
△1 体の形と環境の関係 の小部屋
性格
◎要旨…動物たちの体は、それぞれの環境に適応するようにできている。
動物たちの体は、自然が長い年月をかけて作りあげてきた、最高のけっさくである。

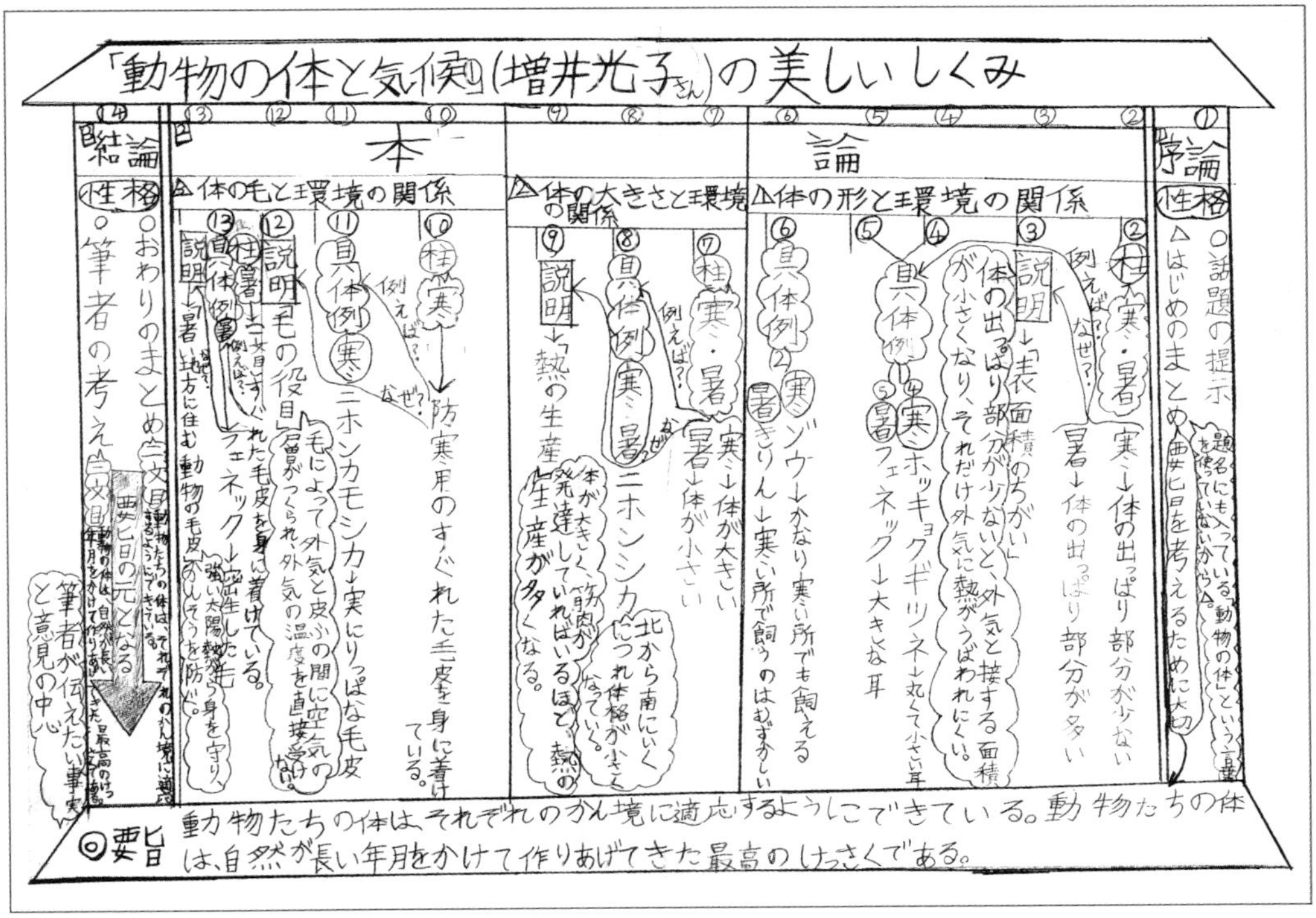
「動物の体と気候」(増井光子さん)の美しいしくみ
結論
本論
序論
△体の毛と環境の関係
△体の大きさと環境の関係
△体の形と環境の関係
性格
◎要旨 動物たちの体は、それぞれのかん境に適応するようにできている。動物たちの体は、自然が長い年月をかけて作りあげてきた最高のけっさくである。

教えて！
二瓶ちゃん!!
2

要旨ってなんですか？

要旨をどうとらえるか？

A 要旨をどうとらえたらいいのでしょうか。以前は「ここが要旨だ」というとらえ方の感覚があったのですが、授業を重ねるにつれて揺れています。要旨をつかむには「最後の段落だけを読んでいたのではだめだ」と子どもたちに理解させ、説明の仕方もちゃんとつながっていることを授業化していかないと、「読みの力」にならないと感じていますが、短く書くということを考えると、一般的な事実や説明がうまくまとまらない現実もあります。

二瓶 要旨を我々がどうとらえるか。学習指導要領でも、要旨をどうとらえるかは重要な高学年の説明文の読みの事項です。

皆さんは要旨をどう説明していますか？

A 私は「筆者がいちばん伝えたいメッセージ」、「いちばん伝えたいこと」と説明しています。

B 学習指導要領では「要旨は、書き手が文章で取り上げている内容の中心となる事柄。あるいはそれについての、書き手の考えの中心となる言葉、などである」と定義していますよね。

C 物語でいう「主題」なので、説明文では「いちばん伝えたいこと」。自分の言葉に書き直す要旨もあれば、文の大切なところを抜き出していって、まとめる要旨もあります。

D 私の考える要旨は、物語のあらすじと一緒です。要旨は書いてあることをまとめることだと思っています。『動物の体と気候』でいえば、「暑さ寒さに合わせた体の構造と機能があるんだ」ということを文中の言葉を使ってまとめたものが要旨。筆者がいちばん伝えたい「動物の体」というのは、暑さ寒さについてだけではなく、もっと先に、主張とかメッセージがあると思う。

段落にはそれぞれ要点があって、それは単語レベルだったり、小さなポイントレベルだったりするけれど、それを要約してまとめ上げて、全体のダイジェスト版にしたものが要旨で、あらすじと一緒だと考えています。

物語でいう「主題」にあたるものはメッセージをいうもので、これは少し違うものだと考えています。そういうふうに見ていかないと、最初に述べてきたことと、最後の一段落でドカッと変わるようなものがあると、まとめようがないと思うんです。

E　ぼくは、二種類を書かせていたことがあります。「具体入り要旨」といって、具体を取り入れながら「ここだけ入れればいいんじゃないか」といって書くものと、最後の一文なりがまとまっていたら、それをリライトして、十五字くらいで簡潔に書く「ギュッと要旨」の二つの要旨を書かせたことがあります。

二瓶　なるほど。きちんと整理しておこう。

物語が「主題」という用語で共有されているように、説明文で筆者の伝えたいことの中心は「要旨」という用語で共有される。学習指導要領の言葉でいえば、筆者が伝えたいことの中心、これが「要旨」だ。

そもそも説明文は、筆者は伝えたいことがあって書いているというのが大前提。その中心こそが要旨である。すなわち、「内容の中心」と、「意見の中心」の両方あるわけだ。

一つは「事実」。この説明文は、事実こそ伝えたいことの中心であるというもの。

もう一つは「意見」。意見を伝えたい。いわゆる「意見文」などというのは、そのジャンルの説明文だ。

高学年の説明文の場合は「事実プラス意見」、その両方を伝えたいという説明文もある。

　事実を伝えたい説明文であれば、「事実」が要旨となるし、意見文、論説文のような、意見を伝えたい説明文の場合は「意見」の中心が要旨となる。

　物語の主題レベルが要旨だとすれば、もっと凝縮されたものだから、それこそ「結論の要約こそが要旨である」という考えもある。双括型でいえば、「序論の要点こそが要旨」、「結論の要点こそが要旨」というとらえ方になる。

　一方で、序論、本論、結論の要点をまとめたものを「中心」ととらえて要旨とする考え方もある。先ほどのDさんの考えはこの立場。どの大部屋もはずさない、要点をまとめた文章を要旨という考えでしょう？　でも、それは、文章全体を要約した、いわば文章全体の要点だ。

　私の考えは、大部屋の性格検討をして、「それが書いてある大部屋を中心に、そこに書いてあることを短くまとめた文」こそが要旨である、という考えだ。それこそが「中心である」というとらえ方。その中心は、説明文によって「事実」である場合もあり、「意見」である場合もあり、「事実プラス意見」である場合もあるというとらえ方だ。

　テストで「この筆者が伝えたいことはなんですか？　この内容に合う、最もふさわしいものを次から選びなさい」というのが、要旨じゃないか、と考えている。伝えたいことの中心を短くまとめた、あの一文をイメージすればいい。

B　二瓶先生のとらえ方は、とても明瞭ですよね。でも、指導要領でも「中心」という書き方で止めていて、書ききっていない。だから、その「中心」といったときのとらえ方が問題となり、現場の先生方の間で揺れているのだと思います。

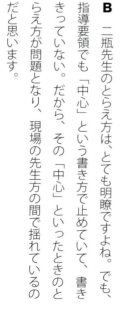

何をもって要旨とするか？

二瓶　大部屋の検討をなぜするのか、と言えば、「どこにまとめがあるのか？」という発想で、大部屋の検討をしているわけだ。つまり、「どこに伝えたいことの中心があるの？」という読み方をしている。「要旨」を「主題」と同レベルと考えれば、なるべく短く吟味した一文。もっとも伝えたい「事実」あるいは「意見」または、「事実プラス意見」を要旨としていいのだ、と私は考えるわけだ。

一方で、「最後の、筆者の意見こそが要旨である」という考え方もある。事実のまとめはおいておいて、それをもとにプラス筆者が意見を言う。その「意見こそが要旨」という立場。『動物の体と気候』でいえば「動物の体は長い自然がつくり上げたけっさくである」その「主張こそが要旨」であるという発想で、そのために筆者はいろいろと説明をしているというとらえ方をする人もいる。

要旨を「筆者の伝えたい事実や意見の中心」ととらえる私は、『動物の体と気候』の要旨を子どもたちと二文にまとめた。事実として「動物たちの体は、それぞれの環境に適応するようにできている。」そしてプラス意見として「それは、自然がつくった最高の傑作である」。伝えたい事実にプラスして筆者が想いを述べているのだから、「まとめプラス想い両方合わせて要旨だ」という考えだ。

D　私のイメージでは、尾括型、頭括型、双括型の三つの型によっても要旨は違ってくるのではないかなと考えています。例えば、頭括型の場合だったら、説得していくように書かれているから、要点を組み合わせたもので書くべきじゃないかなと。尾括型でいうと、もう完全にまとめのところをぎゅっと凝縮されたもので、要旨といってもいいのではないかと思っています。もちろん教材によっても違うかと思うのですが…。

二瓶　教材によっても違うけれど、子どもに「要旨は大切だよ」と教えるでしょう。「伝えたいこと、書かれている内容の中心を、しっかりとらえないと、読んだことにならないよ」と、教えるよね。「要旨をとらえることは大切だよ」と教えるには、教師が確たるものをもっていないといけないと思う。

E　ぼくは、この教材の場合、それぞれの要点を並べ、それを合わせていって、まとめたものが要旨だと思っていました。伝えたいことの中心があって、それを説得するための本論がある。だから「中心をわかってもらうために説明している本論を、中心からは外してもいいんじゃないかな」という発想です。Dさんのいう要旨は

文章全体の要約文じゃないのかな。それは要約文。要約という作業をしただけなのでは？

二瓶　それぞれの意味段落、大部屋、本論でいえば、小部屋も含めた大切な言葉を集め、要約した文を合わせたもの、文章全体の要約文、つまり「文章全体の要点」、それと「要旨」を一緒にしていいのかどうか。文章全体を要約したものということになると、すべての大切な言葉をおさえつつまとめなくちゃいけなくなるんじゃないか。

E　言い換えれば、物語でいったときの「主題的なもの」を要旨というのか、「あらすじ的なもの」を要旨というのか、という論議ですよね。受験国語の中では圧倒的に「主題は何か」が多く、読み取れる子はスパッといける。受験国語というものを説明文にもってきたとき、「二五〇字で要旨をまとめなさい」というような問題が最後のほうに必ず出てきますが、あれを要旨といっていたわけです。そうすると今、話されている具体的なものが要旨なんだろうか。ただ、そういう問題が多く出てくるのは中学校くらいまでで、論説よりも説明文の読解なので、筆

者の思想を抽象化した論理的な文章をまとめただけでは読めたとはいえない。『動物の体と気候』だったら、暑い寒いといっている生物の進化とか、そういったものも読み取らないと要旨とはいわないのではないか。その辺が、みんなの中でぶれているんだなと思います。

二瓶　どのくらいの分量でまとめるかによっても違ってくる。要旨は伝えたいことの中心だとして、もっとも短くまとめろといわれたら、「動物の体はさまざまな環境に適応するようにできている」か。これにつきるでしょう。これにプラス、筆者の想いまでを入れ込めば、「だから自然が長い間につくり上げた、最高のけっさくといえるだろう」。これ以上短くはならない。

さらにどっちかと言われたら、どっちだろう。私の授業では二文でまとめた。つまり「事実のまとめ」、すなわち中心と、「筆者のそれに対する感動」。でも「一文で」となったら、どっちだろう。要旨というのは中心だから、さらに短くまとめてみなさいと言われたら、どっちなんだろう。

A　いまの話を聞いていて、私は「事実」だろう、と思います。「要旨」というと、いろいろなことが出てきて難しいのですが、筆者である増井さんは、「つまり何が言いたいのだろうか」と考えると、「動物の体はそれぞれ環境に適応するようにできている」だと思うのです。

二瓶　そうだね、それをわかってほしいということだよな。「中心」といったときに、そこまで吟味する必要があるんじゃないかな。「何が言いたいんだ」、「伝えたいことは何だ」といったときに、こういうことをわかってほしくてこの文章を書いている。「わかってほしい」というためには、そのままでは説得できない。だから、そのために文章を書くんでしょ。私の考えは「短く言えばこういうことよ」ということ。それを伝えたいために、さまざまな工夫をして文章にしている。

私の考えでは、「中心」はそこまでいくんだ。いろいろな言葉を切り取って、本当に「伝えたいことは何だ」、「核は何だ」ということだ。

ただ、「伝えたいことは何」といったときに、本論で説明していることも含めて、つまり、具体も含めて、「伝えたいことはこういったことよ」といった文章全体の要約文という発想でまとめる学習も必要だと思う。

だから、私はこういうときは二つ、二文なんだ。「事実」プラス「意見」の両方を入れ込んであげないと、「中心」とはいえないんじゃないかと思う。事実だけを取り上げるのはどうかな?と、そういう気がする。もちろん、比重の問題はあるけれど、私だったら二つ入れる。「ギリギリ、この二つは外すなよ」と教える。なぜなら、主張だけを取り上げるのでは、要旨にならないと思っているからだ。

「要旨」って、簡単に、大きくはとらえられるんじゃないかと思う。文章構成を意識して、結論を考えながら読むと、「伝えたいことの中心はこういうことじゃないか」と読める。それこそ、テスト問題なら「ここが中心なんだろうな」という読み方をする。そこから始まるんじゃないかと思う。「何でそんなことが言えるんだろう」「何が根拠になるのか」…それを一所懸命説得するために、本論を展開している文章でしょ。

詳細なる読解の意味

C 先ほどから、「要約」という言葉が出てきていますが、「要約」と「要旨」の違いをもう少し説明してください。

D 要約というのは行為ですよね。要点をピックアップし、それを要旨にまとめ上げる行いを要約というのだと思います。

二瓶 要約というのは行為だと思うよ。「要約」というのは形あるものではなく、「要約する」という行為で、音読と一緒だ。音読するという行為。名詞にするのであれば、「要約文」になる。文章全体の要約といったときに、それこそ大部屋レベルの要約文をつくるということなら文

章になるよ。あるいは文章全体の要点だよ。

　要旨というのは文章全体の中心だからこそ、「序論・本論・結論のどこに重点を置いているのか」、その「まとめをどこでしているのか」が問題になる。大部屋レベルで要約した要点こそが、「要旨」という発想だ。

　「こんなことが伝えたい中心だろう」と、言葉では言えるんだ。でも、そこから始まる文章の読解力、つまり、納得するためには、本論レベルで書かれていることを読まない限り、そこで言っていることが本当に中心かどうかわからない。形では言えるけれど、納得はしていない。読者として納得するためには「やっぱりこれが要旨だ」という、最後の確認が必要なんだ。

　何度も言うけれど、詳細な読解がいるということだ。「これが中心なんじゃないか」と、仕組み上でとらえていても、それを納得するためには、詳細な読解が欠かせない。文に戻り、言葉に戻って、詳しい読みをするからこそ、「要旨」が「納得した要旨」に変わるのだ。

　きっと一緒なんだよ。最初に、なんとなく書いた要旨と、最後に納得して書いた要旨は、きっと一緒なんだと思うけれど、我々読み手にとって「納得した要旨なのかどうか」が、大切なのだ。

　そのために本論は詳しく読まなければいけない、納得するために。それこそ、事実と具体と説明ということのために。だから「こんなふうに説明しているんだよな」…と、読めば読むほど、要旨が自分にとって「納得した要旨」になっていく。それこそが、実は説明文の詳細な読解の意味なのだと思う。

　仕組みレベルで言えば言えるんだ。「ここに書いてあることが中心ではないか」と。そういう読み方も、ある意味では大事だけれども、要旨をつかみ、さらに、その要旨を納得して受け取るために、そこから詳細な読解が始まるわけだ。

先生！　もっとやりたい!!

おもしろい！　わかるって楽しいね！

第3章　実践講座　番外編

教材研究の仕方

二瓶先生のような授業がしたい！
どうやったら二瓶ちゃんの授業ができるの？
明快な論理を実践するための教材研究の仕方、
授業実践のヒントを紹介する。

番外編 その1

仲間と読み合う教材研究

「夢塾」と名づけた勉強会では、授業実践に役立てる学びを重ねている。授業で勝負する仲間と定期的に集まり、教材解釈や、授業づくりのノウハウを高め合う活動を行っている。

自分一人で行う教材研究も必要だが、仲間と意見を交換し合う教材研究にも意味がある。

子どもたちが教室で友達と意見を交換し、学び合うように、我々教師も学び合うことで得るものが大きい。自分では思いもよらない考えや、見方を知ることが学びとなるのだ。

今回は、夢塾の仲間と行った「すがたをかえる大豆」の教材研究の様子を紹介しよう。

すがたをかえる大豆

国分　牧衛

❶ わたしたちの毎日の食事には、（中略）大豆がそれほど食べられていることは、意外と知られていません。大豆は、いろいろな食品にすがたをかえていることが多いので気づかれないのです。

❷ 大豆は、ダイズという植物のたねです。（中略）かたい大豆は、そのままでは食べにくく、消化もよくありません。そのため、むかしからいろいろ手をくわえて、おいしく食べるくふうをしてきました。

❸ いちばん分かりやすいのは、大豆をその形のままいったり、にたりして、やわらかく、おいしくするくふうです。いると、豆まきに使う豆になります。水につけてやわらかくしてからにると、に豆になります。正月のおせちりょうりに使われる黒豆も、に豆の一つです。（略）

❹ 次に、こなにひいて食べるくふうがあります。もちやだんごにかけるきなこは、大豆をいって、こなにひいたものです。

❺ また、大豆にふくまれる大切なえいようだけを取り出して、ちがう食品にするくふうもあります。大豆を一《ひと》ばん水にひたし、なめらかになるまですりつぶします。（中略）しぼり出したしるに　にがりというものをくわえると、かたまって、とうふになります。

❻ さらに、目に見えない小さな生物の力をかりて、ちがう食品にするくふうもあります。ナットウキンの力をかりたのが、なっとうです。むした大豆にナットウキンをくわえ、あたたかい場所に一日近くおいて作ります。コウジカビの力をか

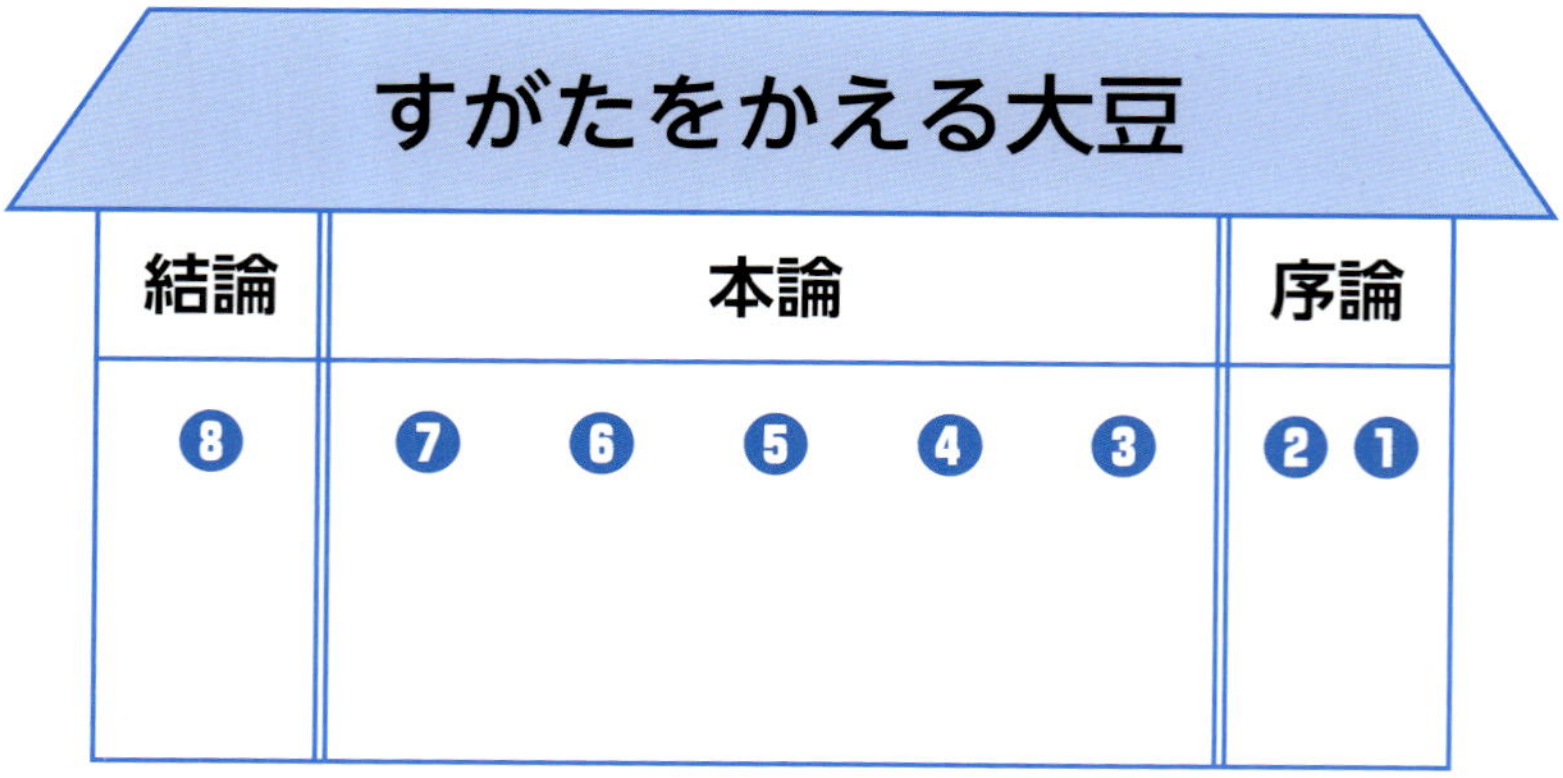

りたものが、みそやしょうゆです。（略）

❼　これらのほかに、とり入れる時期や育て方をくふうした食べ方もあります。ダイズを、まだわかくてやわらかいうちにとり入れ、さやごとゆでて食べるのが、えだ豆です。また、ダイズのたねを、日光に当てずに水だけをやって育てると、もやしができます。

❽　このように、大豆はいろいろなすがたで食べられています。（中略）大豆のよいところに気づき、食事に取り入れてきたむかしの人々のちえにおどろかされます。

（光村図書「国語」平成26年度　三年下　抜粋引用）

大部屋からとらえてみる

二瓶　結論は❽段落でいいかな。序論は❶プラス❷か。❸から❼が本論で共有しよう。❽段落は、「このように」とくるから、まとめの性格をもっていると考えられる。プラス、筆者の考えが入っていて、結論には、この二つの性格がある、というとらえ。これも共有でいいかな。

A　単元の構造は、「大豆」、「工夫」、「姿を変える」という中心になる言葉を読み取りながら、読むといいのかなと思います。

段落相互の関係ということでは、❸から❼段落が具体で、抽象化しているのが❽段落。事実と意見の関係ということでは、❶、❷段落が事実、❸から❼が例、❽が筆者の意見と

考えました。

二瓶　なるほど。序論は❶、❷でいいでしょうか？　序論の性格は、話題提示でいいのかな？　意見を出し合ってみよう。どなたでも。

B　「大豆はいろいろな食品に姿を変えていることが多い」とあって、これは「はじめのまとめ」という性格をもっているのではないか。

二瓶　となると、双括型の説明文というとらえ方でいいのかな。「すがたをかえる大豆」という題名で、はじめに「いろいろな食品に姿をかえている」とあり、これをもう一度、「このように」とくくり直し、「大豆はいろいろな姿で食べられている」とまとめ直している。これは双括型の説明文ととらえるのが妥当かね？　❷段落をどうとらえるかだな？　❷段落の意味をどうとらえればいいんだろうか。

C　❷段落がないと、事例につながらない。

二瓶　本論にもっていくためめか？　性格は「話題の提示」だけかね？

D　❷段落は、最後の「筆者の考え」のところに関わりがあると思う。「昔から」という言葉と、硬いままでは食べにくく消化も悪い、なのになぜそんな工夫がされているんだろうというところ、ほかの食物に比べ、こんなに食べ方が工夫されたのか、工夫された理由につながっている。すなわち、最後のところとつながってくるのだと思う。

E　双括型として見たとき、前のまとめは、❷にあるような「これこれこういう悪いことがあるから手を加えたんだよ」、後半は、❽段落の「こんなにいろいろな姿で食べられてきたのは、こういういいところがあるからだよ」というように書き分けているところがおもしろいと思います。

F　ふつうは種だと硬くて食べられない、でも「昔から手を加えて」ということと、「工夫」ということがあるので、このあと本論に入るために、この❷段落はとても重要なのではな

いかと思います。

二瓶　それは「話題の提示」だよね。それとプラス「はじめのまとめ」。

D　「いろいろな食品に姿を変えている」ということと、「手を加えて食べる」ということとに関連があるのでは。

二瓶　昔から、おいしく食べるために手を加えてきたということ。別な言い方をすれば、「大豆は昔からいろいろ姿を変えてきている」ということになるのでしょう。

読者に伝えたい、わかってもらいたいことは、「昔から手を加えておいしくしてきた」ということ。それに「その知恵に驚かされるよね」ということが筆者の意見としてプラスされているんだね。

となると、「はじめのまとめ」としては、結論と同じことを言っているのだけれど、❷段落のほうが言いたいこと、伝えたい中心に触れていることになるのかな？　❽段落の最後の筆者の考えに即結している。❶、❷を序論としておさえて、その具体として、本論の❸から❼までがある。そしてそれをまとめ直して、❽段落で❶・❷段落との対応がある。

言っていることは「いろいろ手を加えておいしく食べる工夫をしてきた」。そして最後に、「その知恵に驚かされる」という流れだよね。

大部屋レベルでいえば、美しくとらえることができるかもしれない。納得して伝えたいことを、いかに納得してわかってもらうかという本論が、❸段落から❼段落。これをいかに表現しているか。伝え方も含めて検討していこう。

本論の展開に目を向ける

F　私は、❼段落がとても気になったのですが、中部屋というのは存在するのでしょうか？

段落	大豆をおいしく食べる工夫	食品
❸	大豆をその形のままいったり、にたりして、やわらかく、おいしくするくふう	いり豆 に豆（黒豆）
❹	こなにひいて食べるくふう	きなこ
❺	大豆にふくまれる大切なえいようだけを取り出して、ちがう食品にするくふう	とうふ
❻	目に見えない小さな生物の力をかりて、ちがう食品にするくふう	なっとう・みそ・しょうゆ
❼	とり入れる時期や育て方をくふう	えだ豆・もやし

❸、❹、❺、❻のまとまりと、「これらのほかに」の❼段落というのは、中部屋でそろえられるのかな？

二瓶　学習指導要領のこともあるので、序論・本論・結論で統一して話しましょう。本論における❼段落の位置づけについて。いかがですか？

A　食べ方の工夫、ただ加工したものと、時期、育て方…。本論を全部一緒にしてしまうのがもったいないというか、教材的には「これらのほかに」というところは、子どもたちが議論するところにもって行くことも可能なのかな、と考えます。

二瓶　❼段落までを、どうとらえたらいいのか。本論の展開に目を向けてみようか。なんとなくではなく、わかりやすさの点からの順で論を展開しているように思う。そのあたりをもう少し考えてみたい。❸段落に「いちばんわかりやすいのは」とあるが、わかりやすいというのはどういうことか？

C　❸段落は大豆の形そのものを言っていますよね。それを粉にしたものが❹段落。その後、❺段落が取り出した、抽出したということになってくる。

二瓶　❸、❹で一つの仲間か。つまり小部屋の問題なんだけど、小部屋が❸から❼までの順で並ぶのが妥当なとらえ方で、工夫という言葉を共通につけて、まとめるのが妥当ということかな。❸、❹はわかりやすい工夫か？　でも、違うよな。きな粉が大豆かどうかわからないが。

B　その辺が❷段落を受けているんだ、と思っています。❷段落は大豆についての説明の要素がすごく大きい。大豆という話題を出して、そのまま行くのではなく「大豆とはこういう植物・種だよね」ということを言っていて、その中で大豆のネガティブな部分「硬い大豆はそのままでは食べにくく、消化も悪い。だから、昔からいろいろと手を加えておいしく食べる工夫をしてきた」というところに、隠された問いの投げかけがあると思う。

読み手に「大豆はわかったけど、それで？」という意識をもたせる。それに対して、豆の形そのままで食べさせる調理、それが❸段落。❹、❺、❻は加工していますよね。調理とは違う。

そう考えると、❸で調理、❹、❺、❻で加工、❼でその他、育て方という考え方ができないでしょうか。

二瓶 そうすると、三つの小部屋からできていると考えるのかな？ 真ん中に小部屋が三つあるので、中部屋の発想でいうと、三つの中部屋で、二つ目の中部屋が三つの小部屋からできているという読みかな。

C ❸は大豆そのまま、❹は粉にしています。❺、❻は違うものを加えていますよね。だから❸、❹はワンセットで、❺、❻もワンセットになるのではないでしょうか。

G ❺、❻は「違う食品にする工夫」といっている。ところが、❸、❹は大豆の食品だ。

A ❸は豆の形、❹は粉にした形、❺、❻は粉なんてものではなく、まったく違う食品。

二瓶 そうだな、違う食品になっているんだね。❺は栄養だけを取り出している。❻は微生物の力を借りて、さらに違う食品にしているんだね。

D ❺の豆腐は、にがりを加えただけだけど、❻に出てくる味噌、しょうゆは、さらに一年とか、期間をおかないといけない…。

G みんな確かに工夫ということはあるんですけど、気になるのは、手の加え方。工夫は「手の加え方の違い」におき換えられるのかな、と思っています。それぞれが独立した工夫というか、手の加え方が、昔から行われていた「それぞれのやり方」ですよね。つまり、ばらばらでもいけるのかなと。

文に戻り、言葉に戻って詳細に読む

二瓶　手の加え方が「どんな手の加え方か」ということだな。そうすると、その違いをそれぞれの小部屋でやっているということか？

A　今の説明では、五つでなく三つに分けるというのは難しいと思うのですけれど、もう一回接続語に戻っていくと、❸「いちばんわかりやすいのは」のあと、❹「次に」といっているんですね。ここは、わかりやすさの順ですね。それに対して、❺で「また」といって、❻で「さらに」となっている。

❼の「これらのほかに」は、❸、❹、❺、❻のほかにということなので、接続語からいくと、それぞれがみな同じということではなく、大まかにいって仲間に分けられると思う。

二瓶　違う食品というのが❺、❻だからな。❸、❹は、大豆は大豆だな。そのままでいいのか、すりつぶすのか…、が接続語から言える、ということだね。

B　❼段落では「育て方の工夫」と書いてあるが、もとが違うのでは？

E　もやしだって、枝豆だってゆでるから…。でもそこを見ちゃいけないのかな。

二瓶　手を加えてはいないよな、これは。

F　手の加え方のグループ分けを考えれば、「加工」というグループと「育て方」というグループでも分けられるしなぁ。

D　私は接続語にこだわりたい。「いちばんわかりやすいのは」から始まって、「次に」と、わかりやすさで事例を出していますが、そのあと「また」というように変化して、そして「さらに」というように繰り返しているのではないかと考えます。そして最後に「これらのほかに」と、特別な例として例外を挙げているので、五つの事例を挙げているようで、じつは三つに分けられるのではないかと考えています。

❸が「いちばんわかりやすいのは」、❹が「工夫が」、❺が「工夫もあります」、❻も「工夫もあります」、❼は「食べ方もあります」。主語と述語をつなぐ助詞の、「は」、「が」、「も」についてわからなかったので調べてみると、「が」は上と下がつくような働きをしているから離せない、ところが「は」は、上の言葉を強調する働きがある。例えば、「いちばんわかりやすいのは」というとき、「は」があるのは「いちばんわかりやすい」ということをいちばん言いたいということになります。

H ❺段落と❻段落の豆腐と納豆のところだけ「作り方」になっているのも気になります。なぜかな、と考えてみたのですが、❺と❻の事例には複合動詞が使われているんですね。「取り出す」、「すり潰す」、「かきまぜる」、「絞り出す」、「煮てつぶす」、「混ぜ合わす」。こういった表現はほかにはない。それは作り方のところだからなのかな、と思います。「切る」、「蒸す」といった単純な言葉ではなく、作り方を簡単に示そうとすると、こういった複合動詞が使われることになるのかな、と読んでいるのですが。

大豆とダイズ

D ❼段落の大豆だけカタカナというのが気になります。❸、❹、❺、❻は漢字ですよね。大豆のとらえ方の違いということが言えるのでは？

A ❷段落目でも「ダイズ」ですね。「食品」としての大豆と、「植物」としての大豆を「ダイズ」として表現を変えています。

J そうすると、最後の「このように」のところの漢字の大豆は、あの黄色い大豆ではないということ？

二瓶 そうなると、❼段落はいらないの？　余計なのか？

Ｉ　筆者としては、❼も含めて、「いろいろなものがあるよ」と言っているのではないでしょうか。

二瓶　❼は、また「ダイズを」と言ってもいいのに、「ダイズのたねを」とわざわざ言っている。❼は苦労してつけ加えているのが見えるね。

説明の大部屋について、私は❸、❹、❺、❻、❼それぞれがバラバラの小部屋であるというおさえだけれど、みなさんから出た中部屋に分けるという考えもおもしろいね。基本的には五つの小部屋なんだろうけれど、接続語にこだわって分けたり、食べ物の工夫から分けたり、いくつかに分けられるので、おもしろいし、授業としてはありがたい。

ただ、説明文というのは相当手を加えるものだということもおさえておきたい。物語に手を加えるのは難しいけれど、説明文は編集でかなり手を加えていることが考えられる。事実、この『すがたをかえる大豆』も教科書の年度によって、過去には若干の変更が見られたし、第２章で紹介した『動物の体と気候』が教科書に掲載されるにあたって、何度も手を加えられていることはよく知られている。

少し前の教科書には「らくだ」の記載があって、私は「つなぎ段落」（私の国語教室では「レッドカーペット」として教えている）を教える場合には、「らくだ」の入った長文の『動物の体と気候』を教材に使うこともある。

また、第１章で、「双括型」の説明文の型分けの例として挙げた『まほうのぬの「ふろしき」』の❶段落が、新しい平成27年度版では、次のように変更されている。

26年度版（第１章35ページで紹介）では、

「ふろしきは、日本でむかしからつかわれている、とてもべんりな四角いぬのです」

27年度版では

「ふろしきは、日本でむかしからつかわれている、四角いぬのです」に変わった。

「とてもべんりな」というところから、第1章では「話題の提示」に「はじめのまとめ」の性格ももっていると判断し、序論と結論でまとめをしている「双括型」の例として紹介しているのだが、27年版を使用する場合には、序論は「話題の提示」の性格しか認められず、この説明文は「尾括型」の典型例となる。

このように、年度によって、また、編集サイドの手の加え方によって、説明文の型分けという大きなレベルでの変更もあるということを知っておくことも必要だと思う。

仲間と読み合うことで深まる理解

C　大豆って、見たことがありますか。大豆は小さいのに、大豆と書くんですよ。小さいくせに「大きい豆」という漢字（笑）。大きさというのは形の大きさではなく、活用の大きさだと思うんですよ。

二瓶　小さな豆と書いて、なんと読む？

C　あずき、これはあまり活用の幅がない…。

一同　いやいや…。

C　大豆は畑の肉といって蛋白質が多い。小豆はでんぷん質が多い。なので、汎用性があるのは大豆。小豆はあまり使い道がないでしょう？

二瓶　大きい小さいの漢字の意味はどうなったの？

C　僕が言いたいのは、カタカナ標記と漢字表記は意図的に使い分けているということ。題名は「すがたをかえるダイズ」とカタカナでもいいところを、漢字にしたということは、それだけ筆者の想いがあるといえるのではないか、と考えています。

H　なるほど…。

二瓶　ほかに、この教材を読んで感じたこと、こんな授業の構想のアイデアが浮かんだ、など、どうですか？

C　子どもたちに本論の事例の順序を検討させてみたい。本論の事例を並べ替えて、どういう順番がいいのだろうと子どもたちに問いかけ、並べさせるのもいいのかな、と思いました。

I　ああ、おもしろいかもしれませんね。

C　日常生活と教材ということとの関連というのを意識させるために、給食の献立表から、大豆の加工食品の例を調べ、文章の中に書かれてあったのは本当だったのだな、と実際に考えさせるのもいいのかなと思います。

E　私がこだわっているキーワードは「いろいろ」と「さまざま」です。この説明文には「いろいろ」がたくさん使われているんですが、最初だけ「さまざま」なんです。「さまざまな材料」とありますが、「いろいろ」と「さまざま」がどう違うのかと調べてみたら、「いろいろ」は数が多いということを強調している、「さまざま」は種類、違いがあるということを強調している。こんなこともおもしろいと思います。

F　私は「食べる」と「口にする」を分けて使っているところが気になりました。❶では「…口にする」とあって、ほかは「食べる」だが、ここだけなぜ「口にする」なのか。辞書で調べると「口にする」＝「食べる」です。知らず知らず口に入っていることを強調するために、❶のところは「口にする」を使っているのではないか。

B　筆者の意見として「昔の人々の知恵に驚かされます」と急に出てくるが、その心は何かなと考えたら、❷で「昔から」、❶で「意外と知られていない」、これは昔の人は知っていたけど、今の人は知らないということだから、「我々に大豆をもっと知ってもらいたい」ということなのではないかと思いました。

D　疑問なんですが、最後の筆者のメッセージ「大豆のよいところを食品に取り入れた、昔の人びとの知恵に驚かされる」が気になっています。

この最後の一文は、子どもたちにとっては、取ってつけたように見えるらしく、あまり感動を覚えないようです。先ほど、説明文には手を加えられることが多い、というお話がありましたが、こういうのは「教科書教材として入れてください」というような要望があってのことなのでしょうか。

二瓶　この説明文の場合、伝えたいことというのは事実だけじゃない。「プラス意見」というのが要旨だというとらえ方だ。例えば、ある事実を伝えたい説明文にも、事実をもとにプラス「だから君たちは」という筆者の主義主張を加える場合もある。

教科書教材的にいっても、三つ目の力、すなわち「『伝えたいこと』に対して自分の意見・感想をもつ力」をつけるために「だからあなたはどう思う?」という投げかけが必要なこともある。

事実と意見のどちらに伝えたいことの重心をおいているのか、ということも検討しないといけない。教材によっては、事実よりも意見のほうが、より強く伝えたい説明文もある。ただし、この説明文の場合は、「大豆ってすごいでしょ」という事実のほうが強くないか。これは事実、プラスして知恵に驚かされるという意見をつけ加えた説明文。

「取ってつけたような」と言われても、これは必要なんだ。それに対して「意見を返そう」という、説明文で育みたい三つ目の力があるから。

事実だけだと「新しいことがわかってよかった」あるいは「気づいていませんでした」という感想になってしまう。高学年になると、主張なり意見を伴った説明文を教材化する。事実と意見の両方をもった説明文といっても、その割合、比重がある。「事実」に重きをおいた説明文と、「意見」のほうに重きをおいた説明文とがある。私は、この説明文『すがた

をかえる大豆』は「事実」と「意見」の両方だと思う。

だから、要旨といったら、二つになる。事実プラス「知恵に驚かされる」という意見の二つというとらえ方、両方が必要な説明文だということでいいのではないでしょうか。

いまの、取ってつけたように見えるという❽段落の書き方の問題だけど、本来なら、段落を二つに分けなくちゃいけない。

つまり、「このように大豆はいろいろなすがたで食べられてきています」……これは事実。その上で、「どうしてこのようないろいろな工夫をしてきたのか」という、理由段落がこのあとにあって、「だから昔の人の知恵に驚かされる」というように、本来なら二文目は、段落を替えなくてはいけないのではないかと思う。それが一緒になっているのではないかな、と。

もっと言うと、❷段落は、みんなも言っているけど、「昔の人の知恵に驚かされる」につながってくる。種で硬いという特徴をもっている、それにもかかわらずそれをそのままにしないで…その知恵、よいところがここで書いてある。すなわち、理由だ。この二つがあったうえで、最後の筆者の大豆に対する感動なり意見なりが述べられていたほうがいい。❽段落も、理由の一つとしては「他の植物に比べ、栄養云々」。もう一つは「硬いにもかかわらず食べてきた」、つまりよさだけでなく欠点を工夫して食べてきた、ということに驚いているので、その知恵に対してたいしたものだと思うはずだ。❷段落は結論とのつながりでとても大事になると思う。

私自身、まだこの教材を授業で使ったことはないが、なかなかおもしろい教材ですね。「大豆」と「ダイズ」の使い分けも興味深い。また読み合い、学び合いましょう。

番外編 その2

「すがたをかえる大豆」の授業実践載録

宍戸寛昌
福島県二本松市立岳下小学校3年2組

【接続語の働きに着目した授業】

子どもが「あれ？」とギャップを感じる展開

1

教師が教材文をわざと間違えて読み、間違いの箇所に気づいたら「ダウト！」と指摘するゲームで授業開始。

2

先生、豆腐が大好きだから、豆腐をいちばん最初に書きたいんだ。豆腐，納豆，きなこ，もやし，煮豆。好きな順に書き直してもいいかな？
「だめ」

3

豆まきにつかう豆からではなくて、豆腐から、先生の好きな順に書き変えてもいい、という人？（挙手なし）いや、この順番は変えちゃだめだよ、という人？（多数が挙手）

4

「順番を好きな順にかえると、説明文じゃなくなっちゃうよ」
「好きな順に並べたら、宍戸先生の説明文になっちゃう！」

5

じゃあ、この順って、筆者の国分牧衛さんの好きな順なの？
「違う！」

6

じゃあ、これはどんな順番？
「豆まきのまめ」と「煮豆」が最初で、「豆腐」じゃだめな理由は？
「いちばんわかりやすいものから書いている」
「つくるのが早い順」

7

つくるのが早いってどういうこと?
「料理をつくるのが早い順」
「えー、二人とも似てる」

8

わかりやすい順だと思う人は右手、つくるのが早い順だと思う人は左手。両方とも合っているという人は両手を上に挙げて!

9

あれ? 考えが変わったの?
「❶❷は大豆の説明で、❸からが料理の説明で、❸に『いちばんわかりやすいのは』と書いてあるから、わかりやすい順にかえた」

10

「いちばんわかりやすいのは」という書き方には、みんな納得かい?
「つくり方もある」

11

さっき、両方ある、という意見があったけど、説明してくれる? わかりやすいのとつくり方が早いのは似ているって言ったけど。
「簡単で早くできる」

12

「いちばんわかりやすいのは」というのは「簡単につくれる」ということ? 豆まきの豆と、煮豆がいちばんわかりやすくて、どんどんわかりにくくなっていくの?
「うーん」

13

❼がいちばんわかりにくいということでOK?そうだね、❼の枝豆はわかりにくいね!(と揺さぶる)

14

ホント? 豆まきに使う豆と、煮豆がわかりやすくて、枝豆ともやしがいちばんわかりにくい?
「もやしは簡単じゃないかな?」
「豆腐のほうがわかりにくい!」

15

「❸だけいちばんわかりやすい料理で、あとは普通」
❸だけわかりやすくて、ほかは普通？って、どういうこと？

16

「豆腐のほうが説明がいっぱい書いてあるからわかりやすいけど、豆まきの豆は『いるだけ』だから」
「豆腐のほうがくわしく書いてあるから、豆腐のほうがわかりやすい」

17

「くわしいほうがわかりやすい」という考え方と「つくりやすいのがわかりやすい」という考え方があるのかな。
枝豆ともやしはどっちでもないのかな？
「うーん」

18

一度読んでみようか。❼だけ仲間外れになっている言葉があったら、赤鉛筆で線を引いてね。

19

❼だけが仲間外れな証拠があるよ。
❸❹❺❻にない言葉。
「わかった！」「カタカナと…」
あ、大ヒント。
「❼だけカタカナのダイズで、❸〜❻は漢字の大豆」

❼ これらのほかに、とり入れる時期や育て方をくふうした食べ方もあります。ダイズを、まだわかくてやわらかいうちにとり入れ、さやごとゆでて食べるのが、えだ豆です。また、ダイズのたねを、日光に当てずに水だけをやって育てると、もやしができます

20

「これらのほかに」というのはどんなときに使う？
「違うとき」

21

これらって何？
「題名が『すがたをかえる大豆』だから、煮豆とか調理したもの」
「枝豆と、もやしも」
「味噌も、豆腐も、しょうゆも！」

22

❼までに出た全部ということだよね。ということは、❸〜❻までのほかにということになる。
「❼はわかりにくいじゃなくて、いままでと全然違う話だ」

23

❼だけ、仲間外れ。「これらのほかに」というのは、いままでと違うことを説明している。
だから、❸❹❺❻が中1だとすると、❼は中2だ。

24

中部屋を分けるコツは二つ。一つは、いちばん上の「つなぎ言葉」。
「いちばん」「次に」「また」「さらに」のような言葉。さっきも「いちばん」というのがヒントになった、いまも「これらのほかに」がヒントになった。こういう「つなぎ言葉」。四年生で勉強します。

25

もう一つヒントになったのは「大豆」と「ダイズ 」。ほかのところは全部漢字だったのに、❼はカタカナだった。こういう大事な言葉に気をつけよう。

26

じゃあ、つなぎ言葉だけをみんなで読んでみるよ。
「いちばんわかりやすいのは」「次に」
「また」「さらに」
「あ！ 終わりがない」
「『さいごに』がない」

27

みんなが知っているつなぎ言葉は「はじめに」「次に」「それから」「さいごに」。でも「さいごに」がないね。

28

「次に」ってどんなときに使う?
「つなげるときに使う」
「『いちばんわかりやすいのは』から『次に』はつながるよ」

29

「次に」から「また」はつながる?
「つながらない！」
そうかな?ためしてみよう。**はじめに卵をわります。次にかき混ぜます。また、塩を入れます。**
「あれ、変！」

授業の途中で何度かペア対話を取り入れる。
自信のもてなかった子も近くの子と意見を交換することで自信をもって手を挙げられる。

30

じゃあ、「また」を抜かしてやるよ。

はじめに卵をわります。次にかき混ぜます。さらに、塩を入れます。

「あう！あう！」

「または、もう一回になる！」

「『また』と『さらに』はつながる」

31

「さらに」はどんなときに使う？
「たすこと。またやること！」
ということは、❹と❺で切れるのかもしれない。今度は大事な言葉の視点で探してみよう。

32

「くふう。くふうが4つ出てくる」
くふうのほかに、出てくる言葉はないかな？
「食品！」「ちがう食品！」「ちがう食品にするくふうもあります」

33

「豆腐と納豆と味噌は大豆に見えないから」

いり豆は大豆に見えるの？

「見える！」

に豆は？

「見える。形は同じ」

34

きなこは？

「見えないけど、すっただけ」

豆腐は？

「豆の形はなくなっちゃった」

「納豆は豆に見えるけど、納豆菌の力を借りている」

「味噌もコウジカビの力を借りている」

35

「豆、煮豆、きなこグループ」と「豆腐、納豆、味噌、しょうゆグループ」と「えだ豆、もやしグループ」の3つに分けられるね。
すると、❸❹は中1、❺❻は中2。
「❼は中3になる！」

36

「つなぎ言葉」と「大事な言葉」を使うと、説明文はもっとわかるようになりそうですね。

授業中こまめに机間を回り、声かけをする。
ちょっとした励ましが子どもの意欲を駆り立てる。

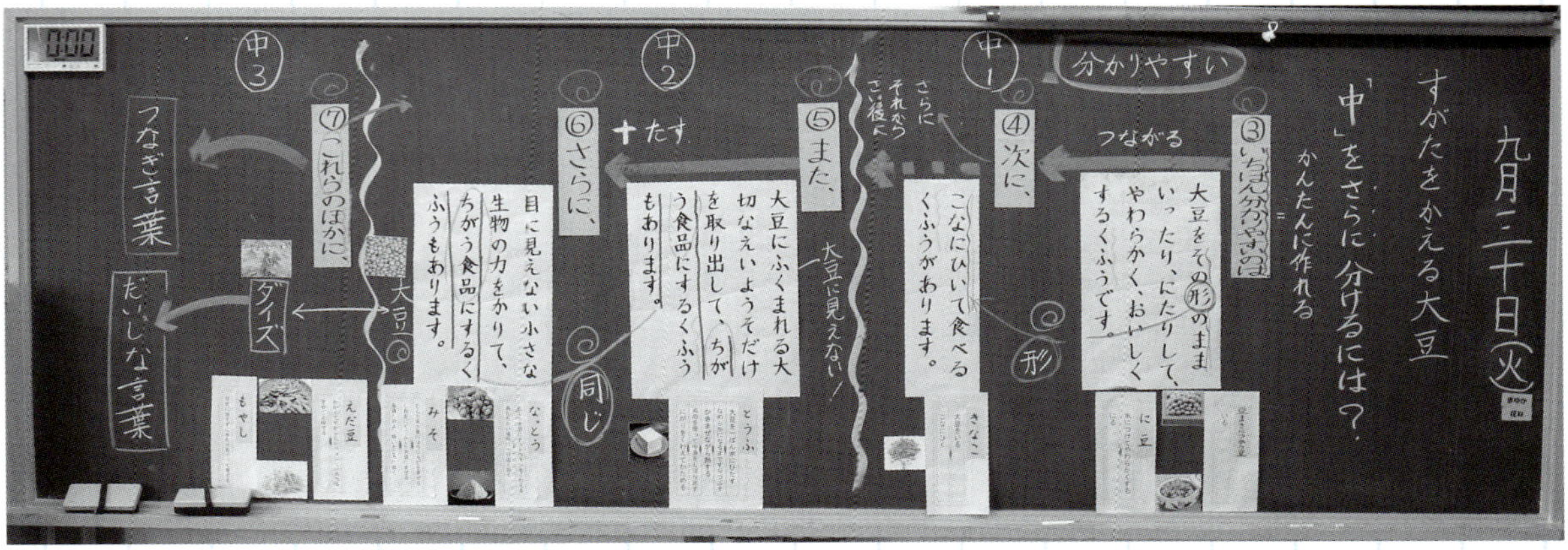

授業を終えて

宍戸寛昌

「接続語に目を向けると、事例は三つに分けられる」という実践を行いました。❼の枝豆やもやしの事例のみを特別として、❸❹❺❻＋❼に分ける実践が多かったのですが、何となく美しくない形に思えたのです。筆者が事例を述べる際に、その順序や数には細心の注意を払うはずですから。

二瓶先生の説明文の考え方を聞く内に「この明快な理論をもとに、この時期の子どもだからこその、この教材でしかできない」授業を組み立てたいと考え、具体的な授業像を考え始めました。

今回の授業の山場は、❼の段落を他の段落と区別している二つの要素（接続語・キーワード）をもとに、❹と❺の間にあるギャップに子どもが気づけるかでした。「いちばん〜」「次に」「また」「さらに」と続く接続語で、「また」に違和感を覚えるかどうかは、ある意味言語センスによります。ましてや、接続語の学習は四年生で行いますし。このギャップに気づくことができるように、発問も板書もずいぶん考えました。

また、事例の接続について子どもが「あれ？」と思える授業展開にすることに心を配りました。例えば、単元の導入ではこれまでに学んできた五つの説明文を「家」の形にして類型化したり、接続語部分のみ抜き出すような発問をしたりしました。音読でも「大豆」と「ダイズ」の違いを強調したり、キーワードをわざとまちがえたりして、少しずつ種をまきました。

子どもたちは予想していた以上にすんなりと「また」への違和感を表出していました。子どもの中に「はじめに」「次に」「最後に」という文型が刻み込まれていたためです。これまでの「書く」活動が十分行われてきたことによるものでしょう。これはうれしい誤算でした。それとは反対に、子どもを揺さぶる発問として「簡単に書かれているほうがわかりやすいよね」と聞いた時に「詳しく書いてあるほうがわかりやすいよ」という答えが出てきたことは、なるほどと考えさせられました。余裕が無いほど教師の一面的な見方が前面に出てきますから、気をつけないといけませんね。

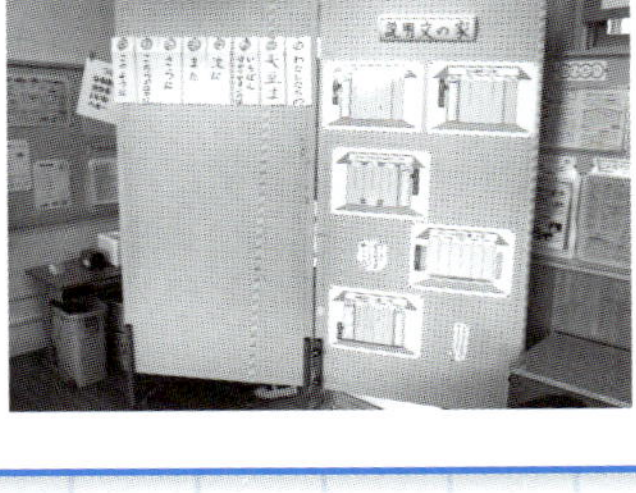

〈ノート 1〉

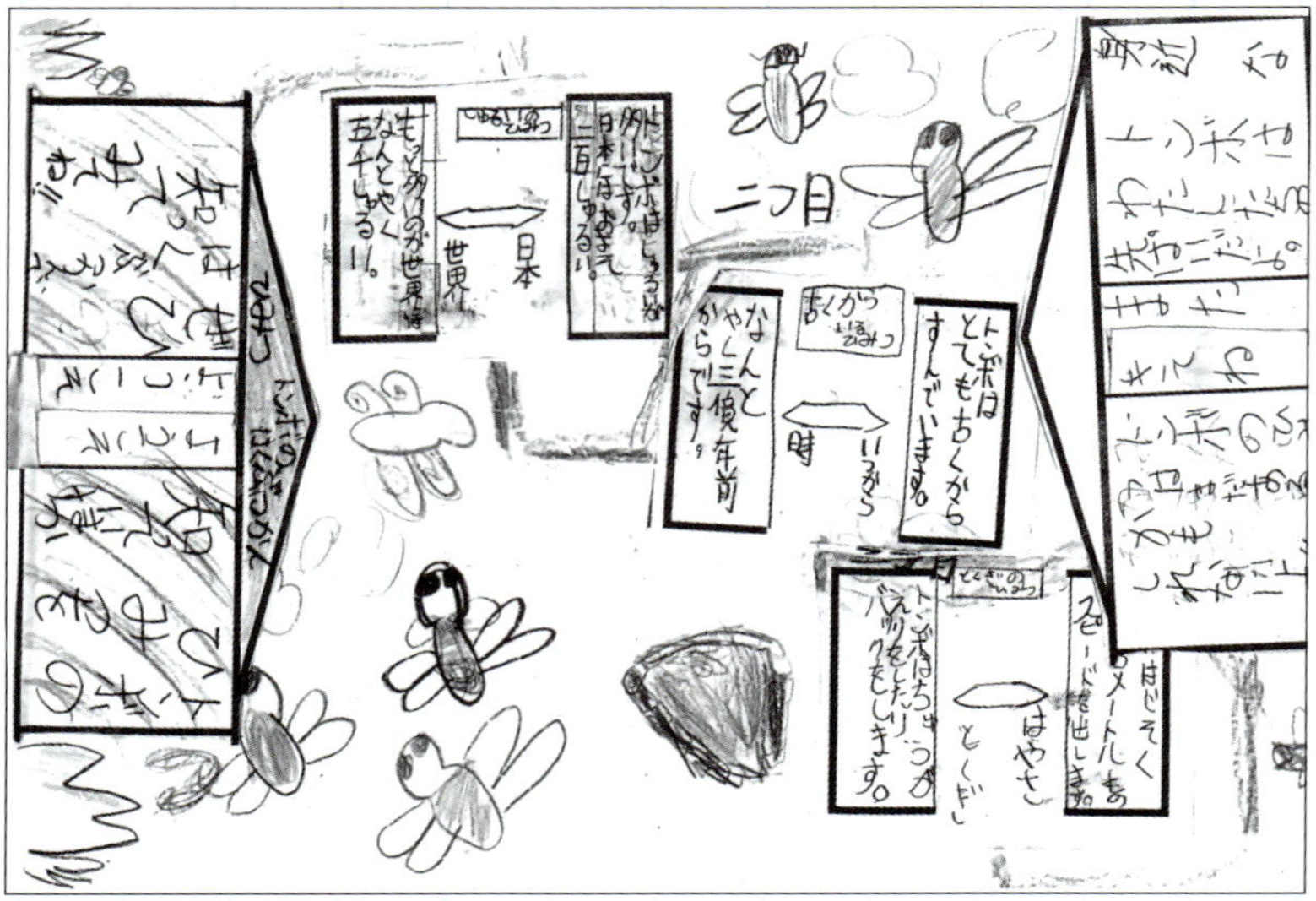

〈ノート 2〉

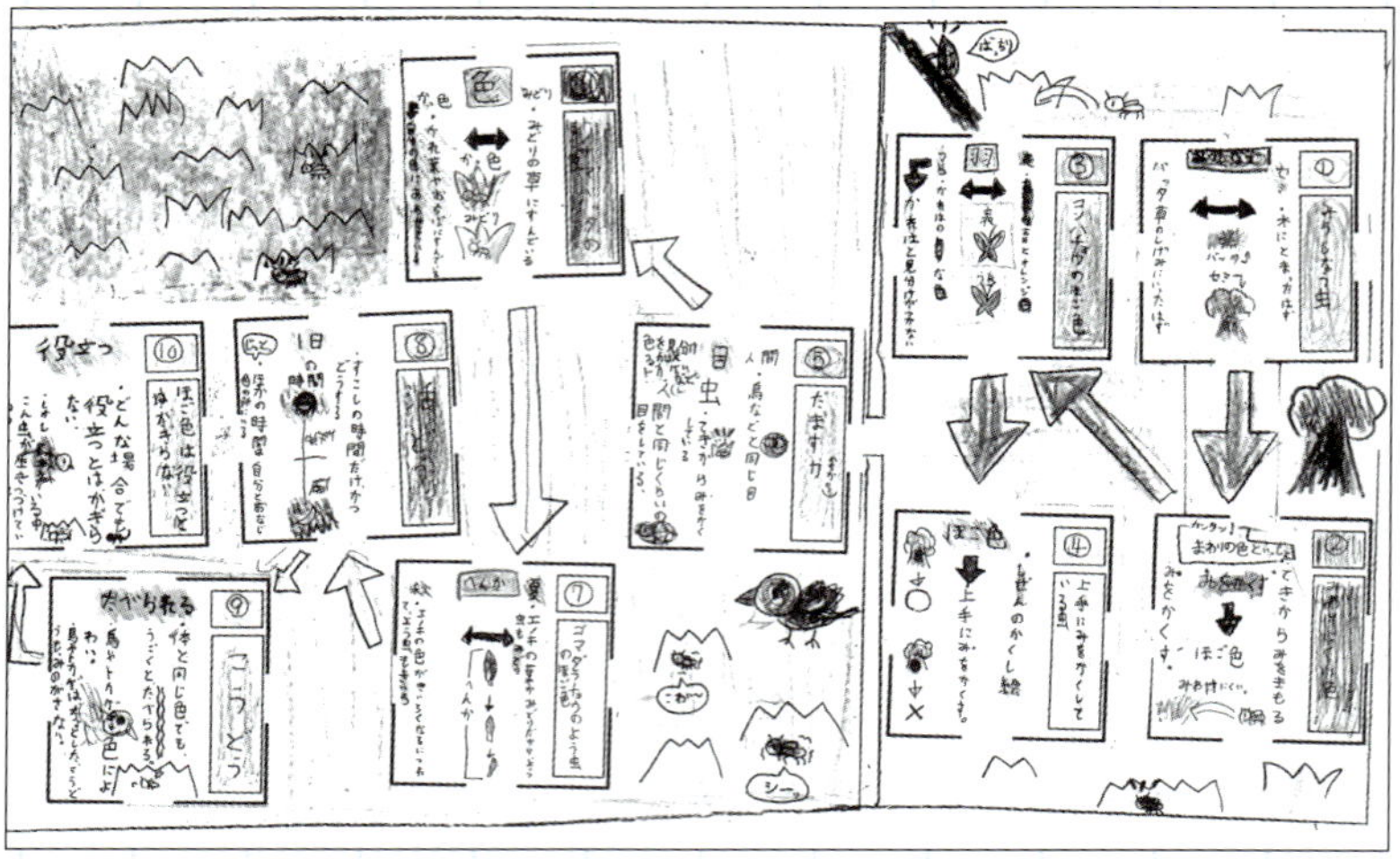

〈ノート 3〉

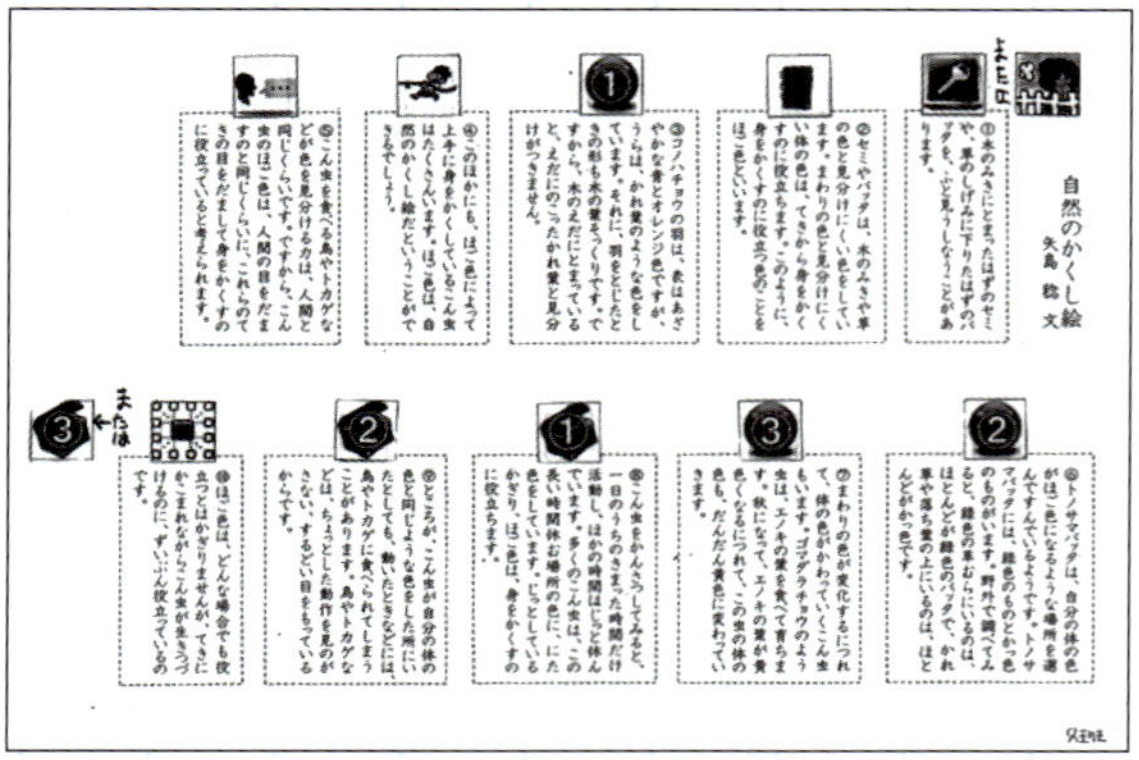

自然のかくし絵
矢島 稔 文

①木のみきにとまったはずのセミや、草のしげみに下りたはずのバッタを、ふと見うしなうことがあります。

②セミやバッタは、木のみきや草の色と見分けにくい色をしています。まわりの色と見分けにくい体の色は、てきから身をかくすのに役立ちます。このように、身をかくすのに役立つ色のことをほご色といいます。

③コノハチョウの羽は、表はあざやかな青とオレンジ色ですが、うらは、かれ葉のような色をしています。それに、羽をとじたときの形も木の葉そっくりです。ですから、木のえだにとまっていると、えだにのこったかれ葉と見分けがつきません。

④このほかにも、ほご色によって上手に身をかくしているこん虫はたくさんいます。ほご色は、自然のかくし絵だということができるでしょう。

⑤こん虫を食べる鳥やトカゲなどが色を見分ける力は、人間と同じくらいです。ですから、こん虫のほご色は、人間の目をだますのと同じくらいに、これらのてきの目をだまして身をかくすのに役立っていると考えられます。

⑥トノサマバッタは、自分の体の色がほご色になるような場所をえらんですんでいるようです。トノサマバッタには、緑色のものとかっ色のものがいます。野外で調べてみると、緑色の草むらにいるのは、ほとんどが緑色のバッタで、かれ草や落ち葉の上にいるのは、ほとんどがかっ色です。

⑦まわりの色が変化するにつれて、体の色がかわっていくこん虫もいます。ゴマダラチョウのよう虫は、エノキの葉を食べて育ちます。秋になって、エノキの葉が黄色くなるにつれて、この虫の体の色も、だんだん黄色に変わっていきます。

⑧こん虫をかんさつしてみると、一日のうちのきまった時間だけ活動し、ほかの時間はじっと休んでいます。多くのこん虫は、この長い時間休む場所の色に、にた色をしています。じっとしているかぎり、ほご色は、身をかくすのに役立ちます。

⑨ところが、こん虫が自分の体の色と同じような色をした所にいたとしても、動いたときなどには、鳥やトカゲに食べられてしまうことがあります。鳥やトカゲなどは、ちょっとした動作を見のがさない、するどい目をもっているからです。

⑩ほご色は、どんな場合でも役立つとはかぎりませんが、てきにかこまれながらこん虫が生きつづけるのに、ずいぶん役立っているのです。

〈ノート 1 ～ 3〉

「3年生の説明文指導はなんといっても段落構成指導なので、いろいろと工夫をしてきました。今回二瓶先生から教えていただいた「家」の形がいかに秀逸かを示すために、過去の実践を紹介します」(宍戸先生)

〈ノート 4〉

「すがたをかえる大豆」の第１次に書いたノートです。

１年生の時に一度学習した教材文を再利用することで段落構成に気づかせました。

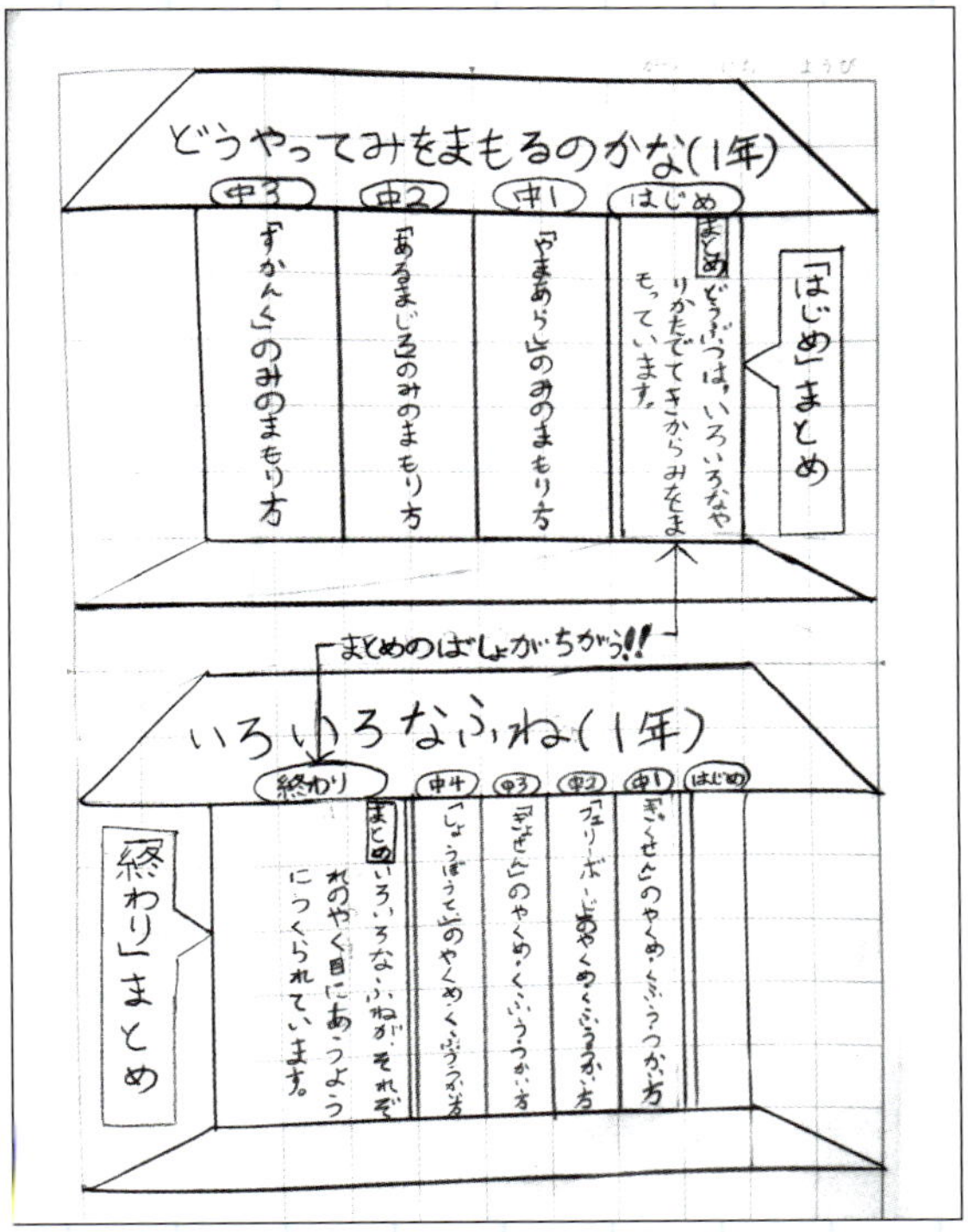

〈ノート 5〉

番外編の授業の前時に書かせた物です。

教材文を一枚の紙にすることで、そのまま家を作らせました。

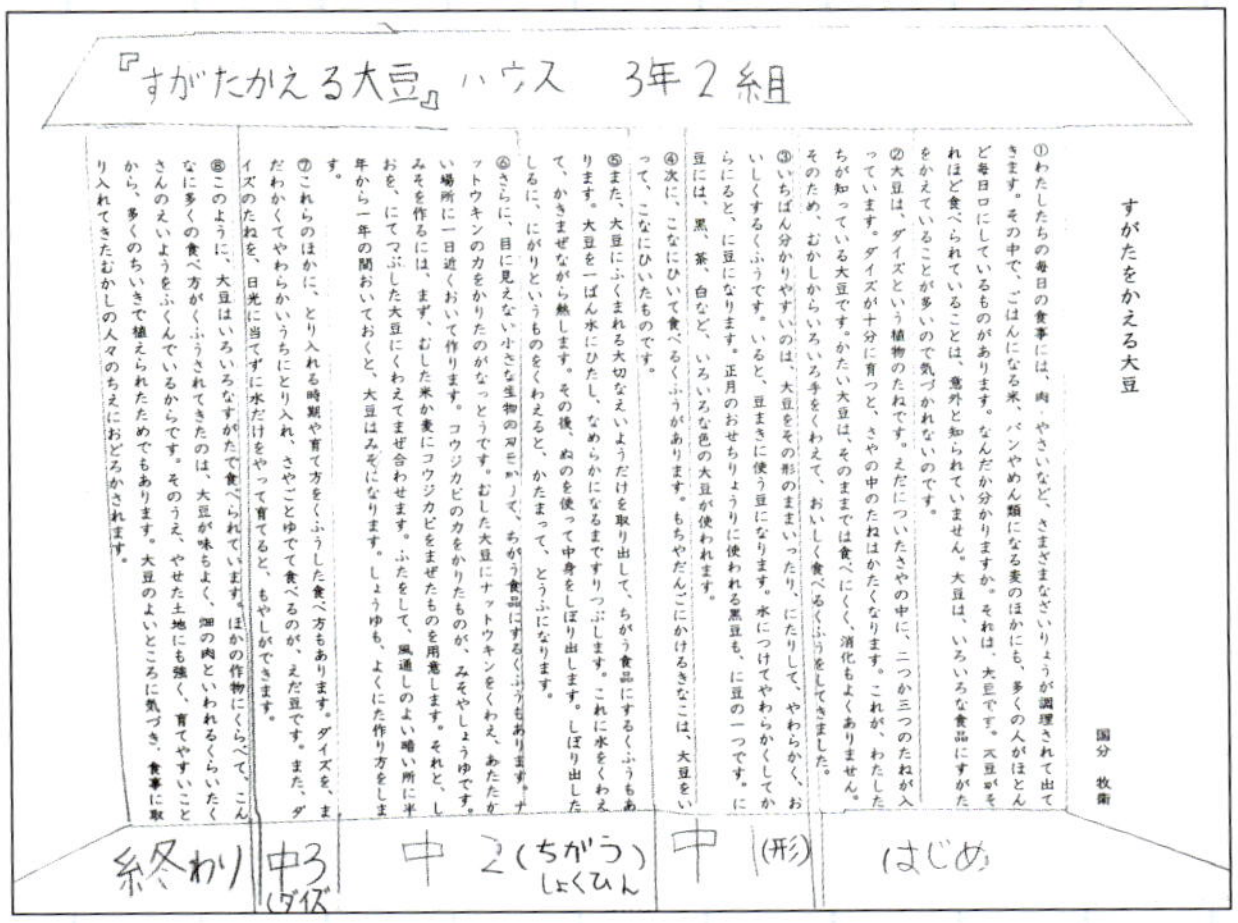

〈ノート 6〉

番外編の授業の次時に書かせた物です。

学んだことをもとに段落構成をまとめさせました。

「すがたをかえる大豆」の特徴である「つなぎ言葉」「おいしく食べる工夫」「いろいろな姿」が一目でわかります。

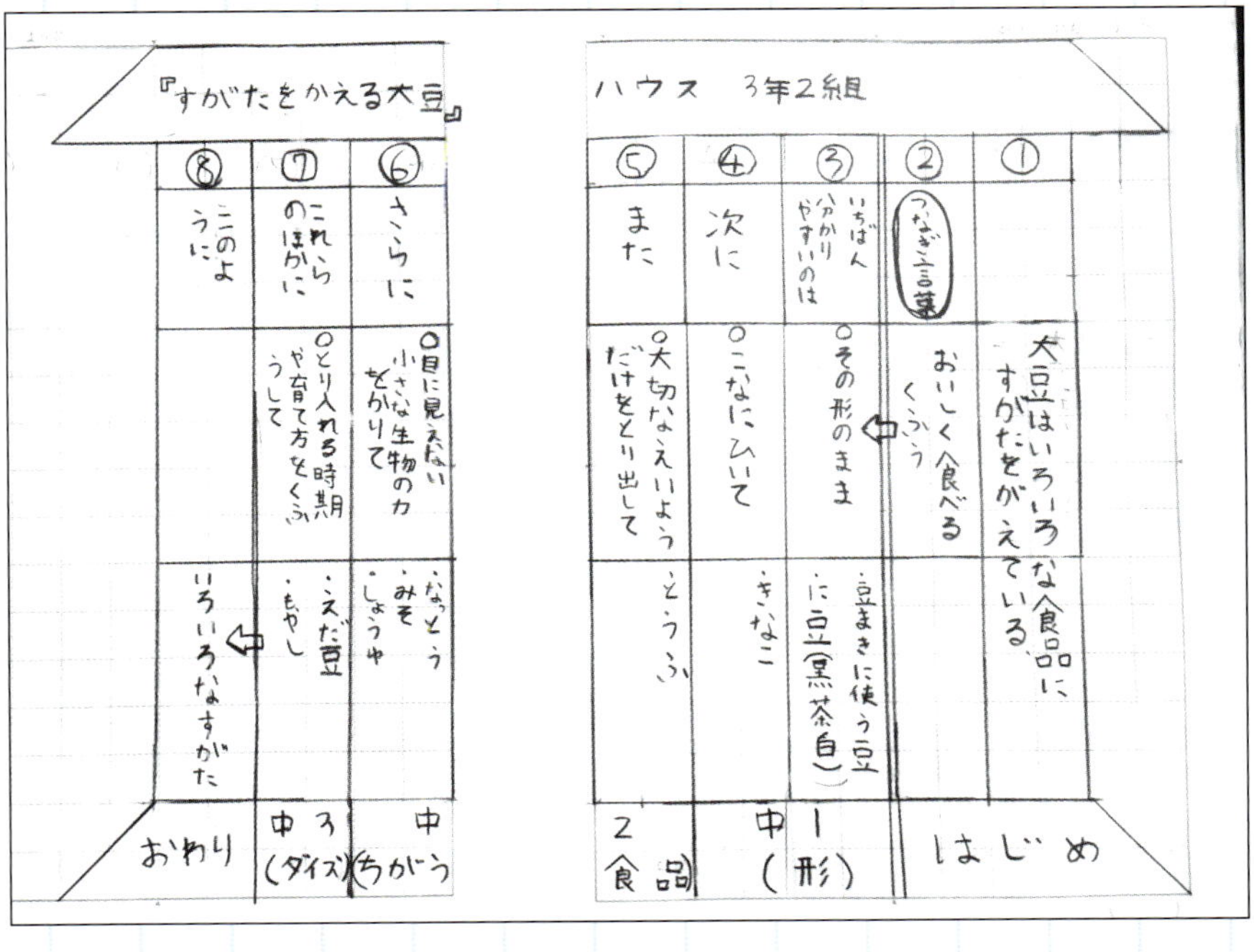

番外編 その3

自作資料「ヤドカリ」の授業実践載録

自作説明文で授業を構成してみる

【段落の関係を考えて読む授業〜リーフレットをつくろう〜】

北海道網走市立網走小学校3年1組
長屋樹廣

ヤドカリ

❶ 夏になると、海の近くのすなはまに、ヤドカリがすがたをあらわします。海がんには、いろいろなしゅるいのまき貝のヤドカリがすんでいます。

❷ みなさん、ヤドカリの貝がらのひみつや体のひみつをしっていますか?

❸ 一つ目は、貝がらについてです。てきにおそわれると、じょうぶな貝がらにすばやく体をひっこめ、大きなはさみで貝がらのふたをします。ヤドカリのおなかには、それを守るかたい貝がらがついていないので、おなかを守るために貝がらをつけています。

❹ 二つ目は、引っこしについてです。ヤドカリは引っこしする時、はさみでからの大きさをはかったり、からの外がわから内がわまでていねいに調べます。また、貝がらの中にすなや小石が入っていたら、きれいにそうじをしてから入ります。

❺ ヤドカリは、貝がらと引っこしのひみつだけではありません。ヤドカリの体のいろいろな所にもひみつがたくさんかくれているのです。

❻ 一つ目は、目についてです。目は、小さな目が二十こも集まって、どの角度も見えるのです。

❼ 二つ目は、はさみについてです。ヤドカリも人間と同じで右きき、左ききがあります。また、両ききのヤドカリもいます。もし、右ききのヤドカリだったら、右の方がはさみの大きさが大きいです。両ききだったら、どちらのはさみもあまり差がないのです。

❽ 三つ目は、だっぴについてです。海がんにつくと、よう虫は、だっぴをして全長3ミリメートルのヤドカリになります。

❾ このように、ヤドカリは、貝がらや体のことなどのひみつがたくさんあります。みなさんもヤドカリを見つけたら、かんさつしてみてください。

1

『ヤドカリ』の文章構成を参考にして「○○のひみつリーフレット」を作ろうという授業（全9時間）の4時間目。ザリガニを題材にしたメモカードを提示して授業開始。

2

「ザリガニはフナやメダカ、ミミズなどを食べる。」

「ザリガニのからだには大きなはさみがついている。」

「ザリガニのからだにはかたいこうらがある。」

「石に生えたもや水草などもザリガニのえさである。」

4枚のメモカードを仲間分けできるかな？

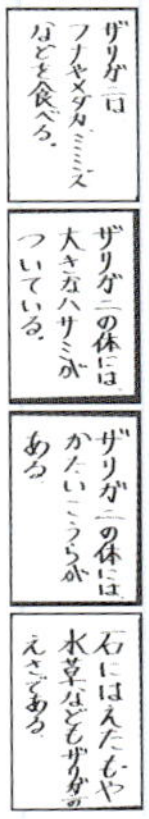

3

「仲間分けできる！」
「2枚ずつ、2つに分けられるよ」

4

「2つに仲間分けするとしたら、はさみとこうらを一緒にして、フナやメダカと水草を一緒にする」

5

「同じです。理由もあります。右のやつには『体』って入っていて、左には食べることとえさ」

6

「左はザリガニのえさ、右にはザリガニの体のヒミツで分けられる」

7

なるほど。「体のひみつペア」と「食べ物・えさのペア」に仲間分けできるね。

8

今日は、リーフレットを書くためにメモカードを仲間分けして、段落のつながりについて考えましょう。

9

やどかりのメモカード、みんな作ってきたよね。そのカードをどんなふうに分けたらいいか。
仲間分けをペア交流しましょう。

10

「私はこんなカードにしたけど」
「ああ、似てる。ぼくも一緒」

11

「貝がらの話と体の話で分けるといいよね」
「ザリガニの仲間分けと同じようにできるかな」

12

みんなはメモカードを作るときに４つのことに注意して書いたよね。
覚えていますか？　大切にしようと言ったのは？

13

「へえー」「大切だな」「なるほど」
「ふしぎだな」

14

メモカードを書くときに「へえー」「大切だな」「なるほど」「ふしぎだな」ということを大切に書いたね。先生もカードをつくってきたんだ。
どうだろう、これも仲間分けできるかな？

15

「できる！　１枚は右で、真ん中が２枚、左に３枚」

16

なるほど。３グループに分けてくれたね。
みんなもこの仲間分けでいいかな？
「いい！」

17

「左の３枚は『体のひみつ』」

18

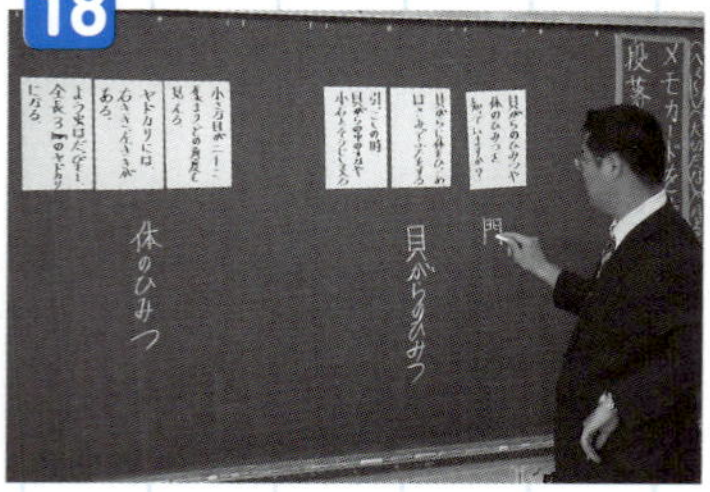

「真ん中の２枚が『貝がらのひみつ』」
「いちばん右は『問いの文』」

19

「つけたしで、いちばん左は『だっぴ』の話」

20

「あ、それなら、つけたし！ある！」

21

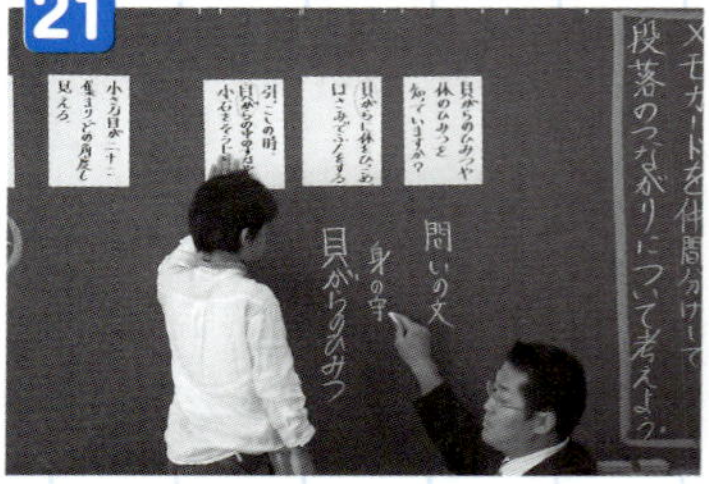

「右の二つは『貝がらのひみつ』だけど、はじめのは『身の守り方』」

22

「じゃあ、こっちは？」

「引っこしの話」

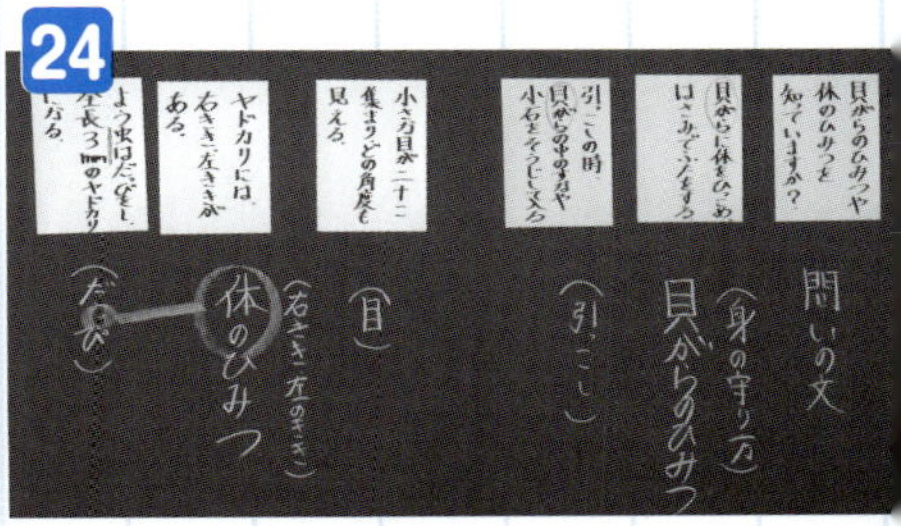

「問いの文」、「貝がらのひみつ」が来て、「体のひみつ」が来るのね？

「先生、カードが足りないよ。『貝がらのひみつ』と『体のひみつ』を結ぶ『ひみつつうろ』がない！」
「そうそう！ひみつつうろ」
「つなぎ目がないといけない！」

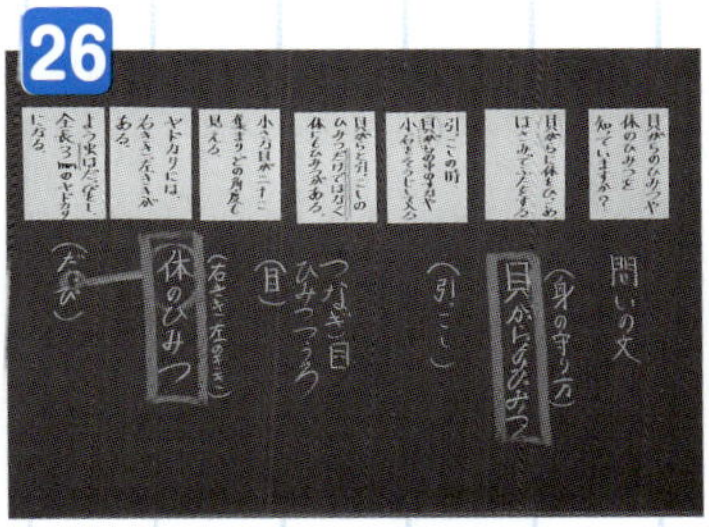

おお、そうか。これを『貝がらのひみつ』と『体のひみつ』の間におけばいいんだね。
「そう！ ひみつつうろでつながった！」

「それじゃ、まだ足りないものがある」
なにが足りないの？
「序論と結論がない」

なるほど。序論と結論にカードを貼って、家の形にするよ。

序論「海岸にはいろいろなヤドカリがすんでいる。」
これは３つの性格で言ったらなんですか？
「紹介みたいなものだから、話題提示」
「ヤドカリがわかりやすくなる。読む人がわかりやすくなる」

この結論はどんな性格かな？
「終わりのまとめ」
「じゃあ、尾括型の説明文だ」

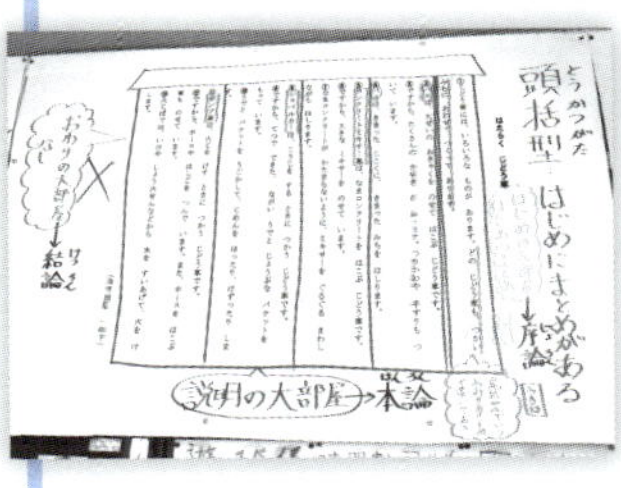

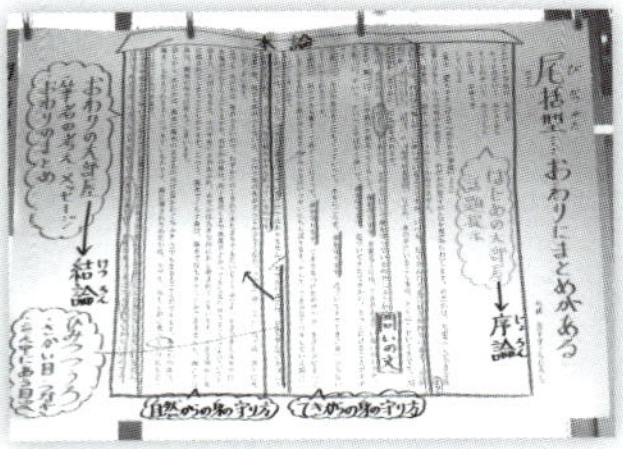

「尾括型」「頭括型」「双括型」「順序型」の型分けはすでに指導しているが、子どもたちの目につきやすいところに、典型的な例を表示し、常に見直すことができるようにしている。

「結論には『筆者の考えやメッセージ 』も入っているんじゃない？」

どうだろう？　最後の段落を読んでみようか。
「このように、ヤドカリは、貝がらや体のことなどのひみつがたくさんあります。みなさんもヤドカリを見つけたら、かんさつしてみてください。」

「あると思う。『観察してみてください』と書いてあるから」

そうか、じゃあ、「筆者の考え、メッセージ」も書いておこう。

今日はメモカードの仲間分けをして、順序を考えてみました。
メモカードの仲間分けや順序を考えると、段落のつながりが見えるようになる、というまとめでいいですか？次回はリーフレットづくりをしましょう。
終わります。

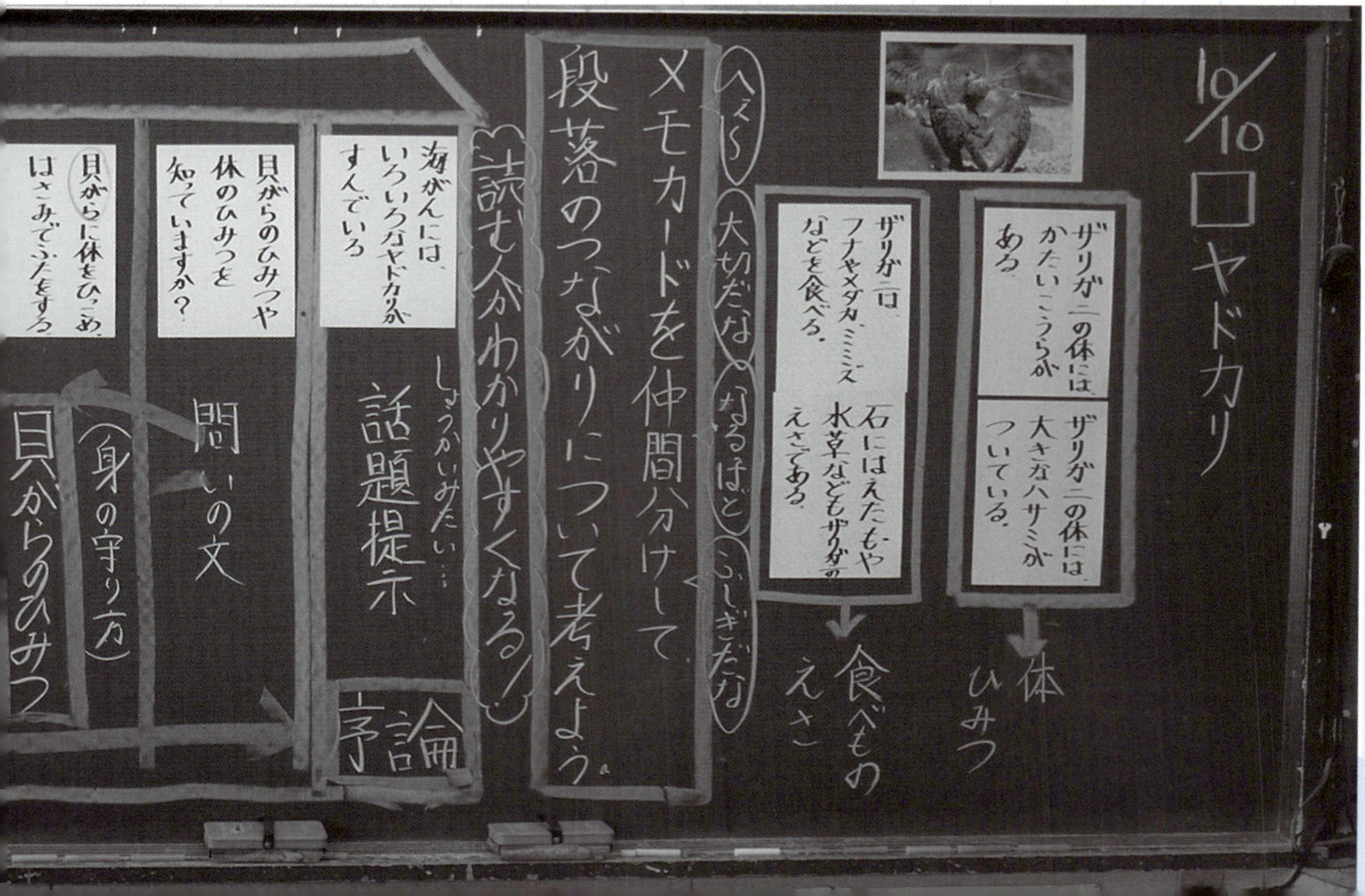

授業を終えて

長屋樹廣

三年生になって児童は、「読むこと」領域『めだか』において、「生き物ふしぎ図鑑を作ろう！」という学習をし、「中心となる言葉や文をとらえる力」など、説明的文章を読むうえでの基礎的な力を身につけてきました。

一方で、文学的文章に比べて、説明的文章を読む機会が少ないため、論理的に文章を読むことに課題があります。また、疑問に思ったことを解決するために、図鑑や事典を利用して調べる学習経験が十分ではないという実態があります。

本単元の中心教材『ヤドカリ』は、「貝がらのひみつ」と「体のひみつ」という二つの話題から構成されています。「序論」―「本論①」―「つなぎの段落」―「本論②」―「結論」の文章構造が明確に見え、段落構成がつかみやすいように自作してみました。

『ヤドカリ』の文章構成を参考にして「○○のひみつリーフレット」を作ろう、ともちかけ、「相互段落の関係を考えて読む力、課題解決のために図鑑や事典などの本を選んで読む力」を身につけさせたい、と考えました。全9時間の指導計画の本時は4時間目。段落相互の関係について考えることができるように、「組み立てメモ」を仲間分けし、順番を考えさせました。

「組み立てメモの順番やまとまりを考えることで、段落のつながりが見える」という反応を予想していました。組み立てメモの順番やまとまりを考えさせることで、段落のつながりや段落の位置づけについて考えることができたのではないかと思います。ただし、段落相互の関係を考える場面では、発言力のある児童の考えが中心になってしまった点が反省点です。

今回、二瓶先生からのご指導で自作説明文に挑戦しました。自作説明文は学級の状況や、発達段階に合わせてつくることができるので、今後も挑戦したいと思います。

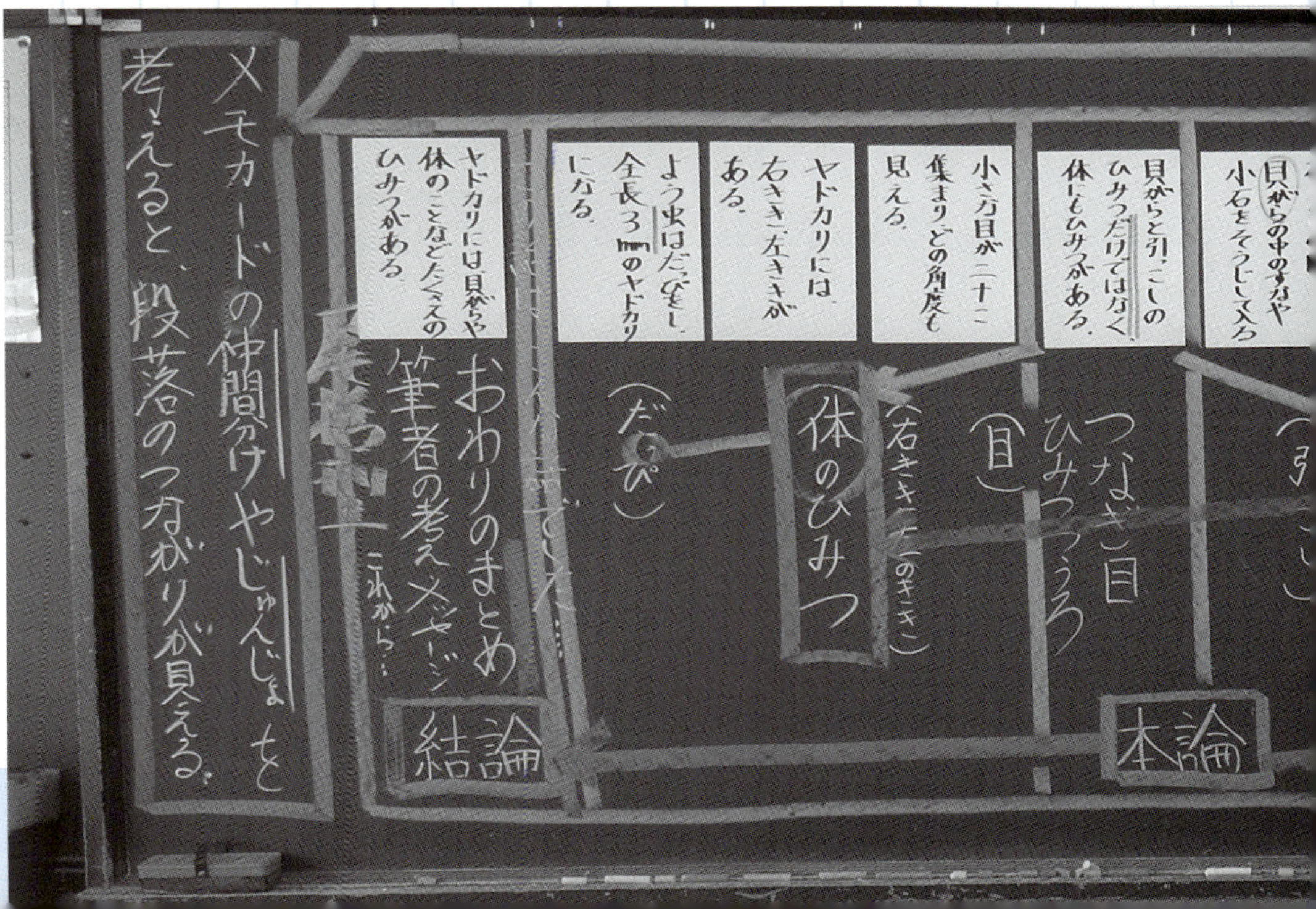

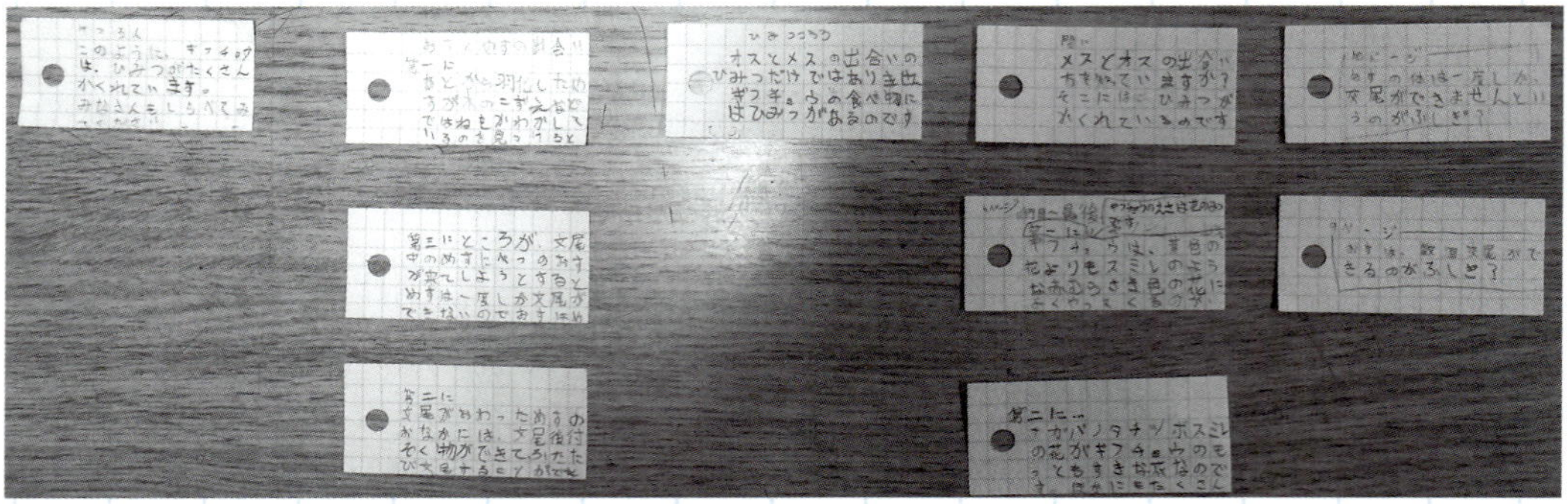

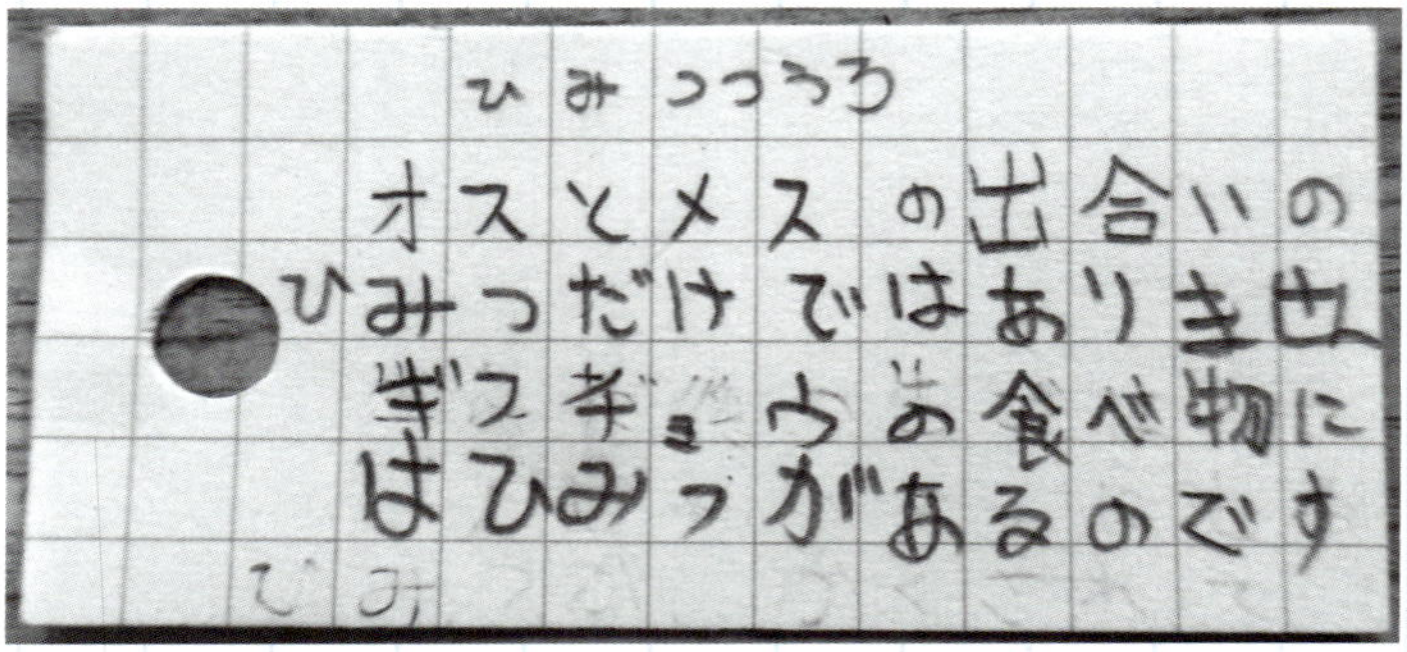

メモカードで仲間分けを行うことで文章構造がつかみやすくなる。

簡潔にまとめたメモカードを並べ替える。
組み立てメモの順番やまとまりを考えることで、能動的に学ぶことができると考えています」（長屋先生）

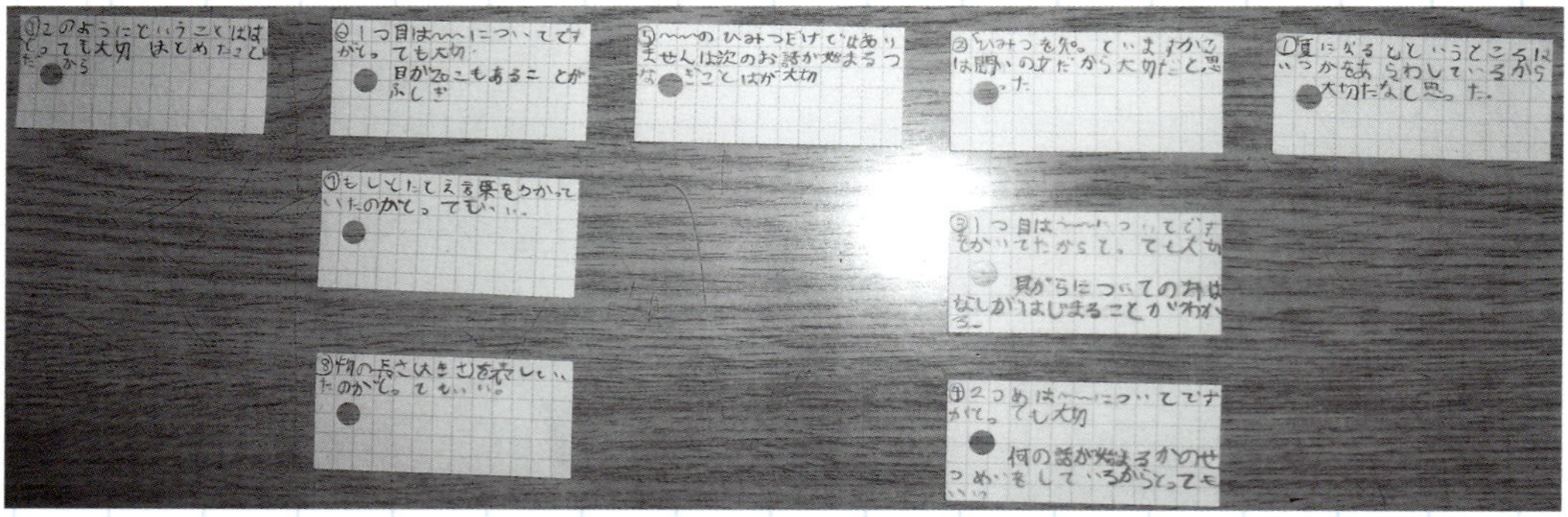

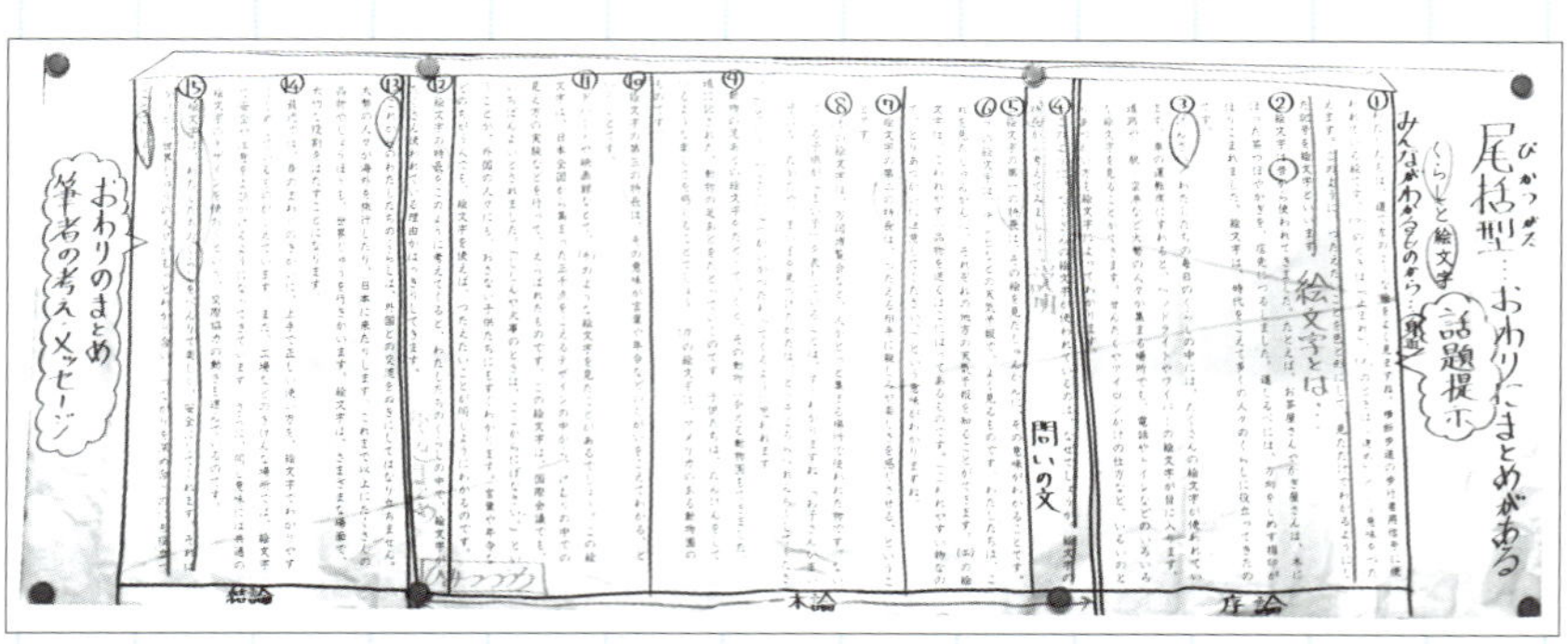

教室には、「尾括型」「頭括型」「双括型」「順序型」のそれぞれの典型例を掲示してある。
「子どもの目につきやすいところに貼ることで、常に見直すことができるようにしています」

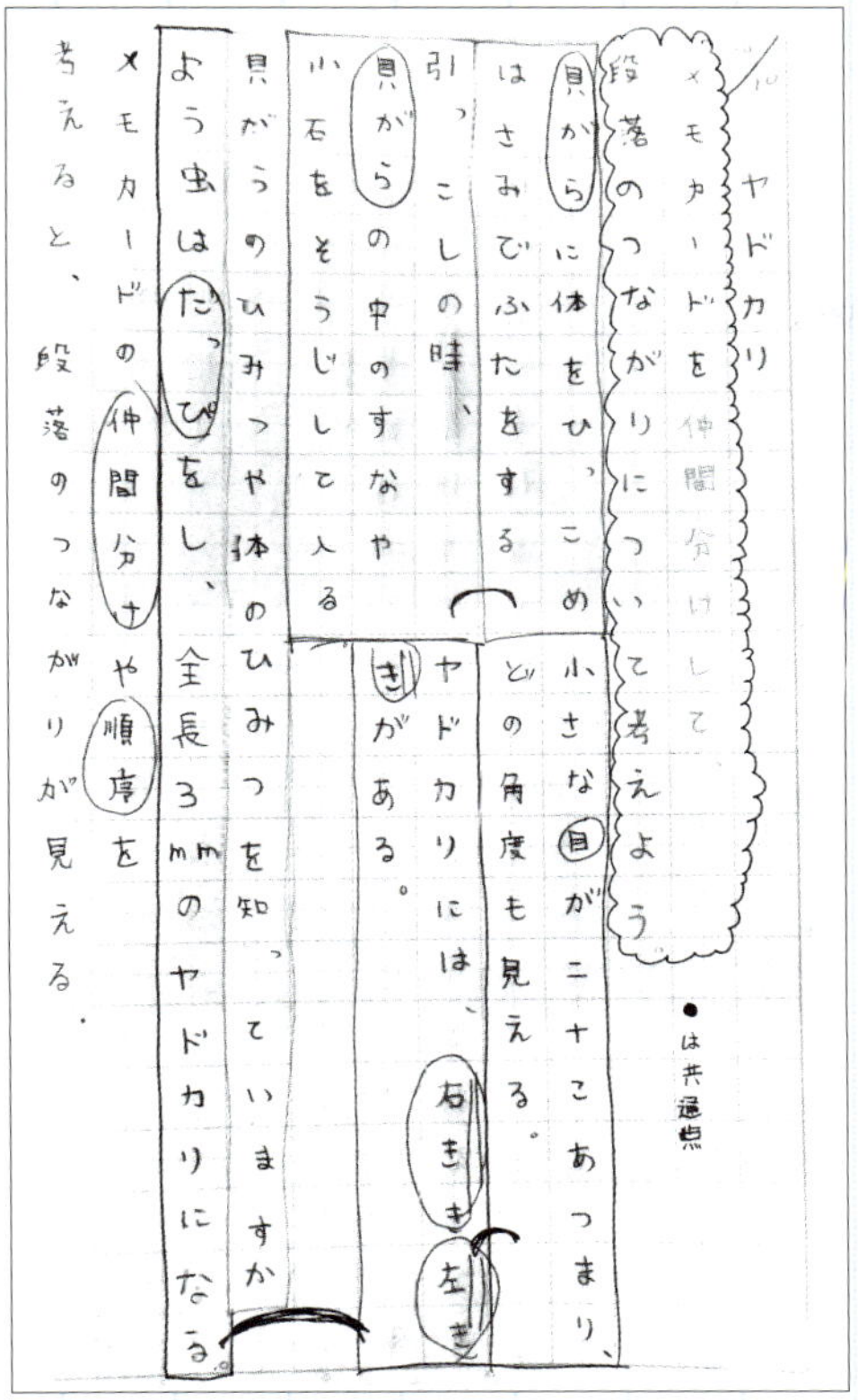

ヤドカリ
メモカードを仲間分けして
段落のつながりについて考えよう
貝がらに体をひっこめ　小さな目が二十こあつまり、
はさみでふたをする　どの角度も見える。
引っこしの時、　ヤドカリには、右きき左き
貝がらの中のすなや　きがある。
小石をそうじして入る
貝がうのひみつや体のひみつを知っていますか
よう虫はだっぴをし、全長3mmのヤドカリになる。
メモカードの仲間分けや順序を
考えると、段落のつながりが見える。
●は共通点

「ヤドカリ」を教材とした学習の際の子どものノート。

学習の最終段階で書かせた自作説明文。

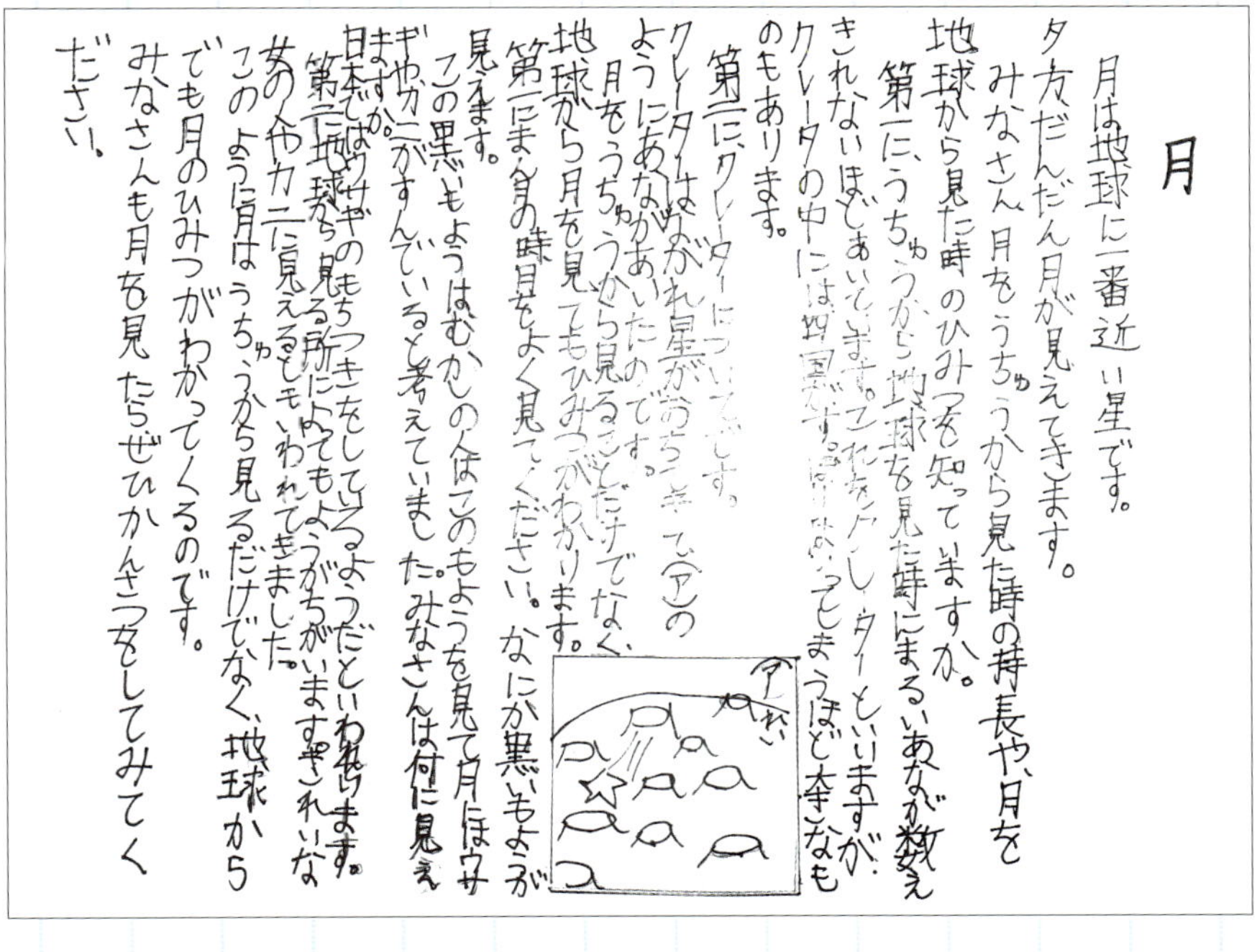

月

月は地球に一番近い星です。
夕方だんだん月が見えてきます。
みなさん月をうちゅうから見た時の特長や、月を
地球から見た時のひみつを知っていますか。
第一に、うちゅうから地球を見た時にまるいあなが数え
きれないほどあいています。これをクレーターといいますが、
クレーターの中には四国がすっぽりはいってしまうほど大きなも
のもあります。
第二に、クレーターについてです。
クレーターはながれ星がおちてきて(ア)の
ようにあながあいたのです。
月をうちゅうから見ることだけでなく、
地球から月を見てもひみつがわかります。
第三にまん月の時月をよく見てください。なにか黒いもようが
見えます。
この黒いもようはむかしの人はこのもようを見て月にはうさ
ぎやカニがすんでいると考えていました。みなさんは何に見え
ますか。
日本ではうさぎのもちつきをしているようだといわれています。
第三に地球から見る所によってもようがちがいます。きれいな
女の人やカニに見えるともいわれてきました。
このように月はうちゅうから見るだけでなく、地球から
でも月のひみつがわかってくるのです。
みなさんも月を見たらぜひかんさつをしてみてく
ださい。

教えて！二瓶ちゃん!! 3

子どもに身近な説明文をどう見つける？

A 今回の夢塾では、二瓶先生から「低学年向けの自作説明文を書く」という課題が出されました。自作説明文を課したねらいを教えてください。

二瓶 テーマは「低学年の教材になり得る簡単な説明文」。紙面の都合上いくつかしかご紹介できませんが、授業に使えそうなものも多くて、私も勉強になりました。

説明文の最終段階で、子どもたちに自分の意見を述べる、書くという活動をさせるのであれば、クラスの実態に応じた説明文を、受けもちの先生が書けばいいと思っています。自分の学級の子どもたちが意見をもちやすいであろう文章をつくってみることをお薦めしたい。文学的文章を書くことはできなくても、説明文なら書けるはずです。

それぞれの地域、クラスの実態に応じた説明文を書いてみてください。とくに、低学年の説明文なら書きやすいので、ぜひチャレンジしていただきたいですね。

ボールをつかうと

ボールであそんだことはありますか。ボールをつかうと、どのようなあそびができるでしょう。

ひとりのときは、どのようなあそびができるでしょう。

うたにあわせてボールをつき、かたあしをあげてボールをくぐらせます。

これは、「あんたがたどこさ」というあそびです。

ふたりのときは、どのようなあそびができるでしょう。

ふたりいると、ボールをなげたり、うけたりすることができます。

これは、「キャッチボール」というあそびです。

おおぜいのときは、どのようなあそびができるでしょう。

おおぜいいると、チームにわかれてたたかうことができます。コートのなかにいるてきにボールをあてたり、てきがなげたボールをよけたりします。

これは、「ドッジボール」というあそびです。

このように、ボールをつかうといろいろなあそびをすることができます。

（勉強会資料：大槻先生）

がっこうの　へや

がっこうには、いろいろな　へやが　あります。どの　へやも、もくてきに　あわせて　つくられて　います。

ずこうしつは、えを　かいたり　ものを　つくったり　する　へやです。ですから、えのぐや　はさみ、カッターなどが　あります。

つくりかけの　さくひんを　おく　たなも　あります。

ずこうしつは、ともだちと　さくひんを　みせあいながら　じぶんだけの　こだわりの　さくひんを　つくる　ところです。

としょしつは、本を　よんだり　なにかを　しらべたり　する　へやです。

ですから、たくさんの　本が　本だなに　ならんで　います。

ひろい　つくえや　いすも　あります。

としょしつは、たくさんの　本の　中から　じぶんに　ぴったりの　本を　みつけて　よんだり　しらべたり　する　ところです。

たいいくかんは、体を　うごかしたり　ボールを　つかった　うんどうを　する　へやです。

ですから、とても　ひろい　へやに　なって　います。

バスケットボールの　ゴールも　ついて　います。

たいいくかんは、ダンスを　したり、バスケットボールを　したり、バレーボールを　したりと、いろいろな　うんどうを　する　ところです。

ほけんしつは、体の　ちょうしが　わるく　なったり　けがを　したり　した　ときに　いく　へやです。

ですから、たいおんけいや　ベッドが　ありま
す。

しょうどくえきや　ガーゼなども　あります。

ほけんしつは、体の　ちょうしや　けがが　はやく　よくなるように、ひつような　ものが　じゅんび　されて　います。

このように、がっこうの　へやは、もくてきに　あわせて　ものが　じゅんびされたり　つくりがくふうされたり　して　います。

（勉強会資料：藤井先生）

こん虫のからだ

わたしたちのまわりには、こん虫とよばれるいきものがいます。

こん虫のからだのつくりを見ると、くらしにあわせてとくちょうがはっきりとしています。

カブトムシのおすは、あたまからかたいつのをはやしています。

つのをつかって、じぶんのえさのばしょをまもったり、ほかのおすとめすをうばいあったりします。

チョウは、とてもながい口をもっています。

その口をストローのようにのばして、花のみつをすいます。

トンボは、とても大きなはねをもっています。

はねをつかって、じょうずに空をとび、えさをつかまえます。

このように、こん虫のからだのつくりには、くらしにあわせたさまざまなとくちょうがあるのです。

みなさんも、こん虫のからだのつくりがどうなっているか、しらべてみましょう。

（勉強会資料：弥延先生）

サッカーがじょうずになるこつＡ

あおぞら　つばさ

ぼくは、サッカーがうまくなりたいと思って、よくれんしゅうしています。サッカーを上手になるためには、いろいろなこつがあります。

一つ目のこつは、足のうらをつかうことです。前は、つま先だけでボールをさわっていたので、相手にボールをよくとられてしまいました。でも、きのう、足のうらでボールをよこにころがしたら、相手の足をかわすことができました。

二つ目のこつは、ボールをこわがらないことです。

きのう、ボールがとんできたときに、こわがらずに頭でボールをシュートしました。そうしたら、ゴールに入りました。

三つ目のこつは、味方を見つけることです。相手にとられそうなときに、味方を見つけていたら、パスをすることができるからです。

このように、サッカーには、いろいろなこつがあります。これから、もっと上手になって、しょうらいは、日本だいひょうとしてワールドカップに出たいです。

サッカーがじょうずになるこつＢ

あおぞら　つばさ

ぼくは、サッカーがうまくなりたいと思って、よくれんしゅうしています。

前は、つま先だけでボールをさわっていたので、相手にボールをよくとられてしまいました。きのうは、足のうらでボールをよこにころがしたら、相手の足をかわすことができました。

また、きのう、ボールがとんできたときに、こわがらずに頭でボールをシュートしました。そうしたら、ゴールに入りました。

あと、こつは、味方を見つけることです。

もっと上手になって、しょうらいは、日本だいひょうとしてワールドカップに出たいです。

（勉強会資料：山本先生）

あとがき「明日の授業を求める教師たちへ」

春四月、私の教室にやってきた子どもたちに、次のような文章を読んであげます。小学校教師、国語教師として生きる、私の「夢」です。

「夢」のクラス

そのクラスでは、だれもが読みたくてたまらない。一編の文章や作品に描かれた言葉を丁寧に検討し、言葉の意味、文章の要旨、作品の主題を自分らしく読み取り、自分の考えや読みの世界を確かにもつことに懸命になる。

そのクラスでは、だれもが書きたくてたまらない。自分という存在を言葉で書き表すことの喜びがわかり、書くことで自分らしさを確認でき、仲間に伝えられることを知っている。だから、必死に言葉を選び、構成を考え、表現を工夫する。

そのクラスでは、だれもが話したくてたまらない。ある話題について、自分の思いを言葉で表現しようと、だれもが適切な言葉を探すことに必死になる。思いを託せる言葉をもてたら、仲間に伝えようと懸命に挙手する。

そのクラスでは、だれもが仲間の考えを受け取りたくてたまらない。ある話題について仲間はどう考えるのか、自分の抱く思いと同じなのか違うのか、知りたくて仕方がない。だから仲間の発する言葉に必死に耳を傾ける。

　そのクラスでは、言葉を媒介にして、思いを伝えあうことの重さをだれもが知っている。言葉は、「自分らしさ」を仲間に伝え、仲間の「その人らしさ」を受け取る重要な手段であることを、学級集団全員が「価値」として共有している。

　そのクラスでは、言葉が、静かに生き生きと躍動している。

　教室にいる全ての子どもたちに、説明文の確かな読みの力を獲得させたい。本書では、そんな思いで日々の授業を懸命につくろうとしている先生に、説明文の読みの学習指導過程を紹介しようと試みました。
　国語授業はそれでもやはり難しい。私自身の試行錯誤は続きます。けれども、子どもたちに「言葉の力」を育むことが私たちの「仕事」。
　今日よりも少しでも価値ある授業を求めて、私たち教師自身が学び続けるしかないのでしょう。そして、遠いいつか、「夢のクラス」を実現するために。

二〇一五年二月

二瓶弘行

Nihei

小学校六年間で獲得させたい

説明文の自力読みの観点

―筑波大学附属小学校・二瓶弘行学級 2014年改訂―

① 基本構成「序論・本論・結論」を大まかに把握する。

＊三つの大きな部屋「はじめ・説明・終わり」

② 序論（はじめ）と結論（終わり）の性格を把握する。

○「序論」の典型的な三つの性格

①話題の提示　②大きな問いの投げかけ　③はじめのまとめ

○「結論」の典型的な三つの性格

①終わりのまとめ　②大きな問いの答え　③筆者の考え・メッセージ

③ 意味段落に分け、小見出しをつける。（部屋の名前）

＊中部屋・小部屋（意味段落）の名前（小見出し）

○重要語句・大切な言葉への着目

（反復される言葉・題名と関連する言葉）

○意味段落相互の関係

○結論部分（特に「終わり」の大部屋）の重視

④ 意味段落の論の展開を検討する。（部屋の並べ方）

○順序性（時間的順序・事柄の順序）

（「ナンバリング」「一般から抽象へ」「身近の例から」）

○意見と事実（意見とその根拠・理由となる事実）

○原因と結果

○指示語（こそあど言葉）の意味

○接続語（つなぎ言葉）の役割

⑤ 意味段落の要点をまとめる。（部屋の一文要約）

○意味段落の小見出し（部屋の名前）をもとに。

⑥ 文章全体を要約する。

○意味段落の要点（部屋の一文要約）をもとに。

⑦ 文章の中心（要旨）をとらえる。

○筆者の伝えたい「事実」、「考え・意見」の中心

⑧ 筆者へのメッセージをまとめる。

○筆者の伝えたいことについて、自分の意見をまとめる。

○伝え方（論の展開の仕方）について、意見をまとめる。

この本のもとになった二瓶弘行先生の「説明文授業づくり　実践編」に参加してくださった国語“夢”塾の先生方

井上 幸信	新潟県・加茂市立石川小学校
大槻 あおい	大阪府・池田市立池田小学校
河合 啓志	大阪府・池田市立池田小学校
近野 典男	福島県・福島大学附属小学校
今野 智功	福島県・福島大学附属小学校
宍戸　寛昌	福島県・二本松市立二本松南小学校
長屋　樹廣	北海道・網走市立網走小学校
藤井　大助	香川県・香川大学教育学部附属高松小学校
弥延　浩史	青森県・藤崎町立藤崎小学校
山本　真司	愛知県・南山大学附属小学校

（敬称略・五十音順・勤務先は平成27年1月現在）

ご協力ありがとうございました。

国語“夢”塾（こくご“ゆめ”じゅく）

日々の国語教室で試行錯誤を続ける仲間の勉強会。机上の理想論より、明日の授業こそすべての“授業で勝負する実践家たち”が、二瓶弘行先生を中心に定期的に集まり、教材解釈や授業づくり、授業実践に役立てる学びを重ねている。子どもにとってよりよい授業を行うためにはどうしたらいいのか、常に真摯な眼差しで語り合い、疑問を投げかけ合う。国語授業に“夢”をもち、腹を割り本音でぶつかり合う、仲間たちとの勉強会。

編著者紹介

二瓶 弘行（にへい・ひろゆき）

1957 年新潟県生まれ。早稲田大学第一文学部卒業。新潟県内の公立小学校に勤務。その後、上越教育大学大学院の修士課程を修了。1994 年から筑波大学附属小学校教諭、現在に至る。立教大学兼任講師、全国国語授業研究会理事、国語教室ネットワーク「ひろがれ国語」代表。『“夢”の国語教室創造記』『いまを生きるあなたへ贈る詩 50』『いまを生きるあなたへ続贈る詩 50』『二瓶弘行の国語授業のつくり方』『二瓶弘行の物語授業　教材研究の条件』『贈る詩　あなたへの言の葉』『二瓶弘行国語教室からの提案　物語の「自力読み」の力を獲得させよ』『最良の教材で、最高の「言葉の力」を育む国語授業』（東洋館出版社）、『お母さんと一緒の読解力教室』（新潮社）、『二瓶弘行の説明文一日講座』『二瓶弘行の物語　授業づくり一日講座』『二瓶弘行と国語“夢”塾の対話　授業づくり一日講座』『二瓶弘行の物語　授業づくり　入門編』『二瓶弘行と国語“夢”塾の物語　授業づくり実践編』（文溪堂）など著書多数。

＊

写真／佐藤正三（スタジオオレンジ）

装丁・デザイン／川尻まなみ（株式会社コスミカ）

DTP／三浦明子（株式会社コスミカ）

編集協力／池田直子（株式会社装文社）

二瓶弘行と国語“夢”塾の「説明文授業づくり　実践編」

2015 年 3 月　第 1 刷発行

編著者	二瓶弘行
発行者	川元行雄
発行所	株式会社**文溪堂**
	東京本社／東京都文京区大塚 3-16-12　〒112-8635　TEL（03）5976-1311（代）
	岐阜本社／岐阜県羽島市江吉良町江中 7-1　〒501-6297　TEL（058）398-1111（代）
	大阪支社／大阪府東大阪市今米 2-7-24　〒578-0903　TEL（072）966-2111（代）
	ぶんけいホームページ　http://www.bunkei.co.jp/
印刷・製本	サンメッセ株式会社

ISBN978-4-7999-0125-0　NDC375　128P　235mm × 182mm